Quand fixer des objectifs ne suffit plus !

Éditions d'Organisation
Groupe Eyrolles
61, bd Saint-Germain
75240 Paris cedex 05

www.editions-organisation.com
www.editions-eyrolles.com

Éric Delavallée

Quand fixer des objectifs ne suffit plus !

Quel management pour obtenir le meilleur de ses collaborateurs

Éditions
d'Organisation

Sommaire

Partie 2

LE MANAGEMENT, UNE COMBINAISON

Introduction

Le terme *management* a probablement la même racine latine que *ménagement*, mot français du XVIᵉ siècle, dérivé de *ménager* qui signifie disposer, régler avec soin et adresse, précise *Le Petit Robert*. Son étymologie est plus claire que sa signification actuelle. Il est en effet employé de multiples manières : pour qualifier une activité profession-nelle (les managers font du management), un ensemble de personnes (le directeur général ne parle-t-il pas de son management ?), un corpus de connaissances ou encore des techniques. Utilisé seul, il est aussi accolé à d'autres : manage-ment des compétences, des stocks, du changement, par projet... voire « enrichi » de divers attributs ou épithètes comme situationnel, participatif, transverse, global... La liste pourrait être poursuivie sur plusieurs pages sans épuiser le sujet. Une chose est sûre, la profusion témoigne d'abord de la confusion.

Transformer du travail en performance

Le terme est tellement galvaudé qu'on oublie l'essentiel : le management est une fonction qui vise à transformer du tra-vail en performance[1]. En effet, nous en avons tous fait

---

1   Une autre manière de dire que manager, c'est utiliser au mieux des ressources humaines, techniques et financières pour atteindre un but, définition plus cou-rante – entendez anglo-saxonne – du management. Voir, par exemple, John Scher-merhorn et David Chappell, *Introducing Management*, John Wiley & Sons, 2000. Traduction française : *Principes de management*, Village Mondial, 2002.

l'expérience, si on peut difficilement être performant sans travailler, on peut très bien travailler, même beaucoup, sans être performant. Les services les plus efficaces ne sont pas forcément ceux où l'on fournit le plus d'efforts. Dans certains, on s'agite beaucoup pour un résultat médiocre, des prestations dont l'utilité ou la qualité sont insuffisantes au regard de l'énergie dépensée. Par exemple, les rapports en tout genre que les destinataires ne lisent pas sont légion. Les réunions, où chacun se doit d'être, qui s'éternisent mais n'aboutissent pas ne sont pas exceptionnelles. Certains rituels professionnels demandent du temps et de l'énergie pour seulement « faire tourner la machine ».

Faire faire et performance : deux mots clés au cœur du management. Dans un groupe d'individus, au-delà d'une certaine taille, à partir d'un certain volume d'activité…, il vaut mieux un « barreur » qu'un « rameur » supplémentaire : la performance obtenue est meilleure. Le problème n'est pas propre à l'entreprise. Deux amis organisent une fête pour l'anniversaire d'un troisième : l'un s'occupe des plats et de la boisson, l'autre de la salle, des invitations et de la musique. Pour se coordonner, ils se rencontrent régulièrement. Mais que se passe-t-il dans le cas d'une fête plus importante à l'organisation de laquelle participent non plus deux mais dix amis ? Assez rapidement, l'un d'eux se charge de répartir le travail entre les neuf autres, de le coordonner et de contrôler qu'il est correctement réalisé. Sinon, il y a un risque non négligeable que personne ne s'occupe des disques, que les convives aient beaucoup trop à boire et pas assez à manger.

Le management est vieux comme le monde

Le management n'est pas né avec l'organisation scientifique du travail (OST) au début du XXe siècle, comme on le croit trop souvent. Non, Frederick Taylor[1] n'est pas l'inventeur du management ! Ce dernier remonte à la nuit des temps. Les textes sumériens, grecs, romains ou égyptiens en portent des traces[2]. Le management est concomitant à l'action collective finalisée. Dès que plusieurs personnes se sont réunies pour produire un résultat qu'elles ne pouvaient atteindre séparément, dès que des individus se sont rassemblés pour obtenir une performance supérieure à celle de chacun pris isolément, le besoin de management est apparu. Le sujet est déjà d'actualité 2 000 ans avant J.-C., au moment de la construction des pyramides en Égypte.

Si le problème – transformer du travail en performance – est permanent, les solutions pour le résoudre sont, elles, contingentes : à une époque, une culture, un type d'entreprises… Les méthodes utilisées jadis pour bâtir les pyramides sont aujourd'hui caduques. Les solutions retenues par une multinationale de plusieurs milliers de personnes ne sont pas judicieuses pour une PME régionale. La pertinence et l'intérêt d'une pratique de management ne se comprennent que replacés dans son contexte, historique notamment.

---

1. Frederick Taylor, *The Principles of Scientific Management, American Society of Mechanical Engineers*, 1911. Traduction française . *Principes d'organisation scientifique des usines*, Dunod, 1912.
2. Daniel Wren, *The History of Management Thought*, John Wiley & Sons, 2005 ; Pierre Morin, *L'art du manager. De Babylone à l'Internet*, Éditions d'Organisation, 1997.

Manager autrement que par les objectifs

Le management par les objectifs (MPO), formalisé par Peter Drucker, est né au milieu des années 1950 dans un contexte particulier : l'expansion et la décentralisation des grandes entreprises américaines. Depuis, il est devenu si populaire que d'aucuns, sur le mode de l'évidence partagée, l'assimilent au management lui-même. Il est aujourd'hui impensable de se passer d'objectifs. Et pourtant, le management par les règles a précédé le MPO. Dans certains univers, on peut envisager de manager par les valeurs, ou encore par les compétences, de manière plus judicieuse que par les objectifs. Le MPO n'a rien d'universel. De surcroît, y compris dans les situations où ils sont nécessaires pour mesurer la performance, les objectifs ne sont jamais suffisants pour manager. Le management ne se réduit pas à la déclinaison des objectifs, même sur un mode participatif. Dans la « vraie vie », pour transformer le travail en performance, les managers ont toujours recours à une combinaison de leviers : des objectifs, peut-être, dans certaines situations, mais aussi, suivant les circonstances, des règles, des valeurs, des compétences…

Un ouvrage en trois parties

La première partie est consacrée au MPO et à ses avatars. Son but est double : présenter le MPO et, en même temps, s'en affranchir pour retrouver une liberté de penser le management différemment. La deuxième partie appréhende le management comme une combinaison. D'abord, nous présentons deux autres modèles : le management par les valeurs et le management par les compétences. L'ambition est de rappeler qu'il est possible de manager autrement que par les objectifs. En partant des pratiques managériales, nous montrons ensuite en quoi et pourquoi les différents modèles de management ne sont pas exclusifs, mais complémentaires. Cela nous permet de discuter l'intérêt et les dérives éventuelles des réponses empiriques des entreprises aux limites du MPO, qui ajoutent aux objectifs une strate de règles, de compétences, de valeurs… Nous clôturons notre propos sur les conditions d'émergence d'un management alternatif, en rupture avec les approches traditionnelles, perpétuellement en quête du modèle idéal. La troisième et dernière partie utilise un autre registre. Consacrée aux questions de mise en œuvre, elle ne concerne plus le pourquoi, mais le comment.

PARTIE 1

LE MANAGEMENT PAR LES OBJECTIFS : GRANDEUR ET DÉCADENCE

Avant d'expliciter les modalités du développement du MPO, puis ses limites dans le contexte actuel, nous revenons sur ses origines et son histoire. En redécouvrant les « textes fondateurs » pour mieux en saisir la quintessence. Nous concluons sur le fait que le MPO est un modèle de management parmi d'autres, adapté à un contexte particulier, et que, donc, contrairement à ce qu'on est tenté de croire (et à ce que certains, dont son fondateur, ont voulu nous faire croire), il n'a rien d'universel.

Chapitre 1

Retour aux sources

Rayons des bibliothèques et étalages des librairies sont remplis d'ouvrages sur le MPO. Le lecteur n'a que l'embarras du choix. Mais la quantité ne fait pas la qualité. Face à la profusion, il est difficile de séparer le bon grain de l'ivraie. Une sélection s'impose. Trois noms ont, de notre point de vue, particulièrement marqué l'histoire du MPO : Peter Drucker, son fondateur ; John Humble, le premier à en avoir développé une méthodologie ; Octave Gélinier, principal artisan de son introduction et développement sur le territoire français. Tour d'horizon !

Peter Drucker, le fondateur

Peter Drucker, décédé le 11 novembre 2005 à l'âge de 95 ans à son domicile californien de Claremont, nous laisse une œuvre monumentale. La formalisation des principes du MPO en est l'un des piliers. En 1940, observant le management d'Alfred Sloan à la General Motors, il remarque l'expression *Management By Objectives*[1]. Un peu plus

---

1. Jack Beatty, l'un de ses biographes, donne une explication complémentaire des origines du MPO : « *Miss Elsa (l'une des deux sœurs exerçant dans l'école privée où l'avaient inscrit ses parents) avait inventé un truc pour responsabiliser Peter sur ses résultats scolaires. Elle lui demanda d'inscrire sur un calepin ce qu'il comptait apprendre au début de chaque semaine, et de confronter les résultats aux prévisions.* » Jack Beatty, *The World According to Peter Drucker*, The Free Press, 1998. Traduction française : *Drucker, l'éclaireur du présent. Biographie intellectuelle du père du management*, Village Mondial, 1998.

tard, dans le cadre de la décentralisation de la General Electric, cette fois, à laquelle il participe activement, le consultant américain insiste sur la nécessité de fixer des objectifs, des critères de coûts et de délais pour mesurer les résultats. En 1954 paraît *The Practice of Management* avec son célèbre chapitre : *"Management by Objectives and Self Control"*. Le désormais « pape du management moderne » y présente le MPO comme « *[...] un principe de direction qui donne libre cours à l'énergie et à la responsabilité individuelles, qui trace en même temps une voie commune de vues et d'efforts, qui établit le travail d'équipe et qui harmonise les intérêts personnels et le bien-être commun* »[1]. Cette philosophie du management repose sur deux principes essentiels. D'une part, tout manager, du directeur général à l'agent de maîtrise, doit avoir des objectifs formalisés et déclinés du but de l'entreprise. D'autre part, si chaque manager doit être tenu responsable des résultats de son activité, c'est à lui, et à lui seul, de contrôler ce qu'il fait pour atteindre ses objectifs.

La déclinaison en cascade des objectifs opérationnalise le but de l'entreprise. Elle le convertit en cibles à atteindre le long de la ligne hiérarchique. Les objectifs permettent de mesurer la performance de chacun des contributeurs. On n'est jamais performant dans l'absolu, toujours par rapport à quelque chose. Dans le MPO, la performance est mesurée à partir du résultat du travail, pas par la manière de le réaliser. Est performant celui qui, à l'issue d'une période donnée, produit des résultats à la hauteur des objectifs fixés dans le cadre des ressources allouées à cet effet. Pour Peter Drucker, donc, sans objectif, point de performance.

---

1. Peter Drucker, *The Practice of Management*, Harper and Brother, 1954. Traduction française : *La pratique de la direction des entreprises*, Éditions d'Organisation, 1957. Chapitre repris dans : *The Essential Drucker*, Harper Business, 2001. Traduction française : *Devenez manager !* Village Mondial, 2002.

Le cycle du MPO compte trois phases : la fixation des objectifs, le suivi de la réalisation du travail et l'évaluation des résultats obtenus. Peter Drucker accorde volontiers qu'elles ne s'enchaînent pas de manière systématique, rigoureuse et linéaire. Qu'il convient au contraire de les envisager avec des simultanéités, des interactions et des ajustements réciproques. Mais il insiste sur leur présence et leur récurrence à tous les niveaux de management : *« La gestion par objectifs repose sur une certaine idée de l'action, du comportement et des motivations de l'individu. Elle s'applique, en fin de compte, à tout manager, quels que soient son niveau et sa fonction et à toute organisation, grande ou petite. »*[1]

Les trois phases du cycle du MPO

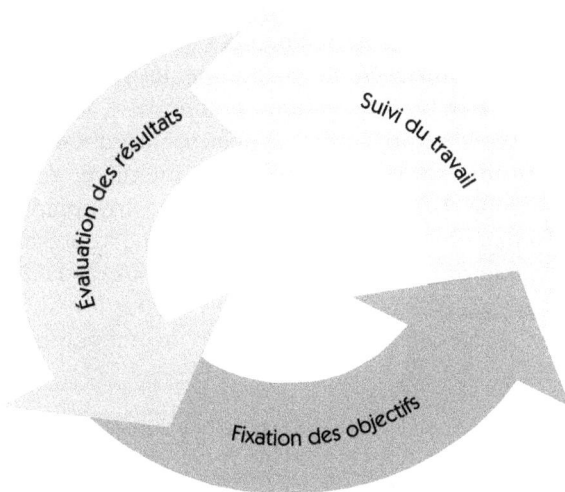

Évaluation des résultats — Suivi du travail — Fixation des objectifs

---

1. Peter Drucker, *Management : Tasks, Responsabilities, Practices*, Heinemann, 1974. Traduction française : *La nouvelle pratique de la direction des entreprises*, Éditions d'Organisation, 1977.

Les objectifs ne tombent pas du ciel. Selon le consultant américain, ils doivent être déclinés à partir de la finalité et des missions de l'entreprise. Pourquoi ? La division du travail, force centrifuge qui déchire l'entreprise et la transforme en une confédération désordonnée, détourne les managers d'un but commun. Pour pallier cette difficulté, ces derniers doivent pouvoir appréhender l'entreprise comme un tout et, ce faisant, replacer ce qu'on attend d'eux dans un ensemble cohérent façonné par des objectifs déclinés à partir de ceux du groupe plus important dont ils font partie, eux-mêmes déclinés du groupe « d'au-dessus »… jusqu'à remonter au but de l'entreprise. La déclinaison des objectifs est un des moyens les plus judicieux de coordonner le travail préalablement divisé. C'est un mode de coordination que Henry Mintzberg nommera, un peu plus tard, standardisation par les résultats[1].

Peter Drucker rejoint Rensis Likert[2] : tout manager appartient à deux « pyramides ». Celle composée de ses « pairs » (les managers du même niveau que le sien) et de son propre responsable hiérarchique, d'une part, et celle qu'il constitue avec l'équipe dont il a la responsabilité, d'autre part. Il est une partie de la base de la première, le sommet de la seconde. Les membres de ces deux « pyramides » ont des informations différentes et, donc, une représentation dissemblable des mêmes réalités. Situé à l'intersection, seul le manager accède à l'ensemble. Au-delà des fonctions déjà codifiées d'encadrant, dans l'exercice du pouvoir, son rôle

---

1. La standardisation par les résultats est un des cinq modes de coordination permettant de contrebalancer la division du travail. Les quatre autres sont l'ajustement mutuel, la supervision directe, la standardisation par les procédés et la standardisation par les qualifications. Henry Mintzberg, *The Structuring of Organizations : A Synthesis of the Research*, Prentice Hall, 1981. Traduction française : *Structure et dynamique des organisations*, Éditions d'Organisation, 1982.
2. Rensis Likert, *The Human Organization : Its Management and Value*, McGraw-Hill, 1967. Traduction française : *Le gouvernement participatif de l'entreprise*, Gauthier-Villars, 1974.

est enrichi et renouvelé par le MPO. Au sein de la pyramide de « rang supérieur », il exprime le point de vue de ses collaborateurs le plus clairement possible, les contraintes avec lesquelles ils doivent composer pour faire leur travail, les obstacles qu'ils doivent surmonter. Avec son équipe, il doit rendre intelligibles les messages « d'en haut », s'assurer que ses collaborateurs en ont connaissance, qu'ils les entendent. Il n'est pas forcément question qu'ils y « adhèrent », mais au moins qu'ils les intègrent dans leur travail, qu'ils en tiennent compte, qu'ils ne fassent pas comme si ce discours n'existait pas. Ce rôle de charnière fait du manager l'acteur principal de la déclinaison des objectifs dans le cadre de processus à la fois *top-down* et *bottom-up*.

Les pyramides hiérarchiques

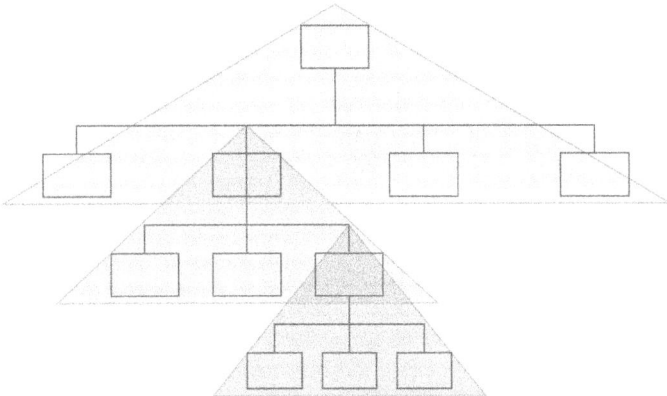

Le MPO possède une seconde grande caractéristique, l'autocontrôle, laquelle peut même prendre le pas sur la première. Peter Drucker l'énonce clairement : « *Même si le MPO n'était pas indispensable pour donner à l'entreprise l'unité de direction et d'effort que possède une équipe, il faudrait rendre possible l'établissement d'une direction par*

autocontrôle. »[1] Chaque manager doit pouvoir suivre son action et les résultats qu'il obtient en référence aux objectifs préalablement définis. Le gourou américain poursuit avec fermeté : « *Chaque manager doit recevoir les renseignements dont il a besoin pour juger de sa propre action, et de son rendement. Il doit les recevoir en temps voulu et effectuer toutes les modifications nécessaires pour obtenir les résultats escomptés. Ces renseignements doivent lui parvenir directement et non être adressés à l'échelon supérieur. Ils doivent être un moyen d'autocontrôle, et non un instrument de contrôle par le haut.* »[2]

Est associé à cette philosophie, centrée sur la responsabilité et l'autonomie, un style de management en rupture avec celui de l'époque teinté d'autorité et d'obéissance. Le fondateur du MPO insiste : « *La gestion par objectifs assure le rendement en convertissant les besoins objectifs en buts personnels. Et c'est là une vraie forme de liberté.* »[3] Ces idées rencontrent leur temps, fait d'élévation des qualifications et d'individualisation croissante des mentalités. Elles sont en phase avec l'économie de marché et la pensée libérale, sur le point de devenir dominantes au moment où l'industrie américaine est en pleine expansion.

John Humble, le méthodologue

Une quinzaine d'années plus tard, le consultant anglais John Humble[4] développe une méthodologie du MPO. Dans *Management By Objectives In Action*[5], il définit le MPO

1. Peter Drucker, *Devenez manager !* op. cit.
2. Peter Drucker, *ibidem*.
3. Peter Drucker, *La nouvelle pratique de la direction des entreprises, op. cit.*
4. John Humble a été administrateur de Urwick, Orr & Partners, cabinet conseil dont le fondateur, Lyndall Urwick, a introduit l'organisation scientifique du travail de Frederick Taylor en Grande-Bretagne dans les années 1920.
5. John Humble, *Management by Objectives in Action*, McGraw-Hill, 1970.

comme un système dynamique permettant d'intégrer les objectifs des managers à ceux de l'entreprise. Pour lui, le MPO est un processus continu composé de cinq grandes étapes : l'élaboration du plan stratégique de l'entreprise ; la définition de plans « tactiques » pour ses entités ; la formalisation des objectifs et du plan d'action de chacune d'elles ; la définition des objectifs et du plan de progrès de chaque manager ; le suivi régulier des performances et le contrôle des résultats. Le plan de développement du management, issu de la quatrième étape, comporte les volets suivants : recrutement, promotion, formation et rémunération des managers.

John Humble assimile le MPO à un dispositif, centré sur les managers, intégrant planification stratégique, contrôle de gestion et gestion des ressources humaines. Dès les années 1970, il dote la direction des ressources humaines d'un statut comparable à celui, si ce n'est de la direction du plan et de la stratégie, au moins de la direction financière. En principe, une démarche de MPO permet à ces trois directions de travailler en harmonie, et non en « silos ». Le consultant anglais insiste sur l'intérêt de l'intégration instrumentale de gestion comme moyen de neutraliser les forces centrifuges de la division du travail. Cohérence et coordination sont ses deux principaux mots d'ordre. De son point de vue, le MPO est un mode d'intégration avant d'être un style de management ; une intégration par les outils de gestion stratégique, financière et humaine.

La DPPO d'Octave Gélinier

En France, paraît en 1968 l'ouvrage d'Octave Gélinier, *Direction participative par objectifs*[1], au sous-titre évoca-

---

1. Octave Gélinier, *Direction participative par objectifs : un style de direction ambitieux qui motive et perfectionne les hommes pour accomplir la réussite commune*, Éditions Hommes et Techniques, 1968.

teur : *Un style de direction ambitieux qui motive et perfectionne les hommes pour accomplir la réussite commune.* La direction par objectifs (DPO), devenue au passage direction participative par objectifs (DPPO), est, selon lui, le mode de management le plus adapté au contexte des entreprises françaises de la fin des années 1960. À ce moment-là, l'avantage concurrentiel réside d'abord dans la motivation des hommes, analyse le consultant de la CEGOS, qui définit la DPPO comme *« le style de management qui organise méthodiquement chez chaque membre du personnel une forte motivation fondée moins sur la contrainte que sur l'identification entre les besoins de développement de chacun et les objectifs professionnels que l'entreprise lui propose »*[1]. Contrairement à John Humble, Octave Gélinier estime que la DPPO est surtout un nouveau style de management. Dans DPPO, le « P » de *participation* compte au moins autant que le « O » de *objectifs*.

Trois sous-systèmes forment l'ossature de la DPPO : les objectifs, les structures et les procédures participatives. Le dispositif requiert d'abord une formalisation des objectifs à tous les niveaux organisationnels : celui de l'entreprise dans son ensemble, celui des divisions et des fonctions, puis des unités opérationnelles qui les composent. Dans la plupart des cas, explique Octave Gélinier, cela passe par les budgets qui servent de référence à la formulation, au suivi, puis à l'évaluation des objectifs. Ceux-ci sont « motivants » à condition d'être cohérents avec la structure hiérarchique et les moyens mis à la disposition des managers. En conséquence, lors de l'implantation d'une DPPO, le consultant français préconise de remodeler la structure de l'entreprise afin de faire de chacune de ses entités un centre de responsabilités à part entière. Tout manager, c'est le tribut payé à l'individualisation, se voit alors confier la responsabilité d'une performance. Les délégations, précisées dans les définitions de

---

1. Octave Gélinier, *op. cit.*

fonction, doivent être cohérentes avec les responsabilités. C'est le fameux principe de la parité entre responsabilités et autorité déléguée[1] : cette dernière doit permettre de prendre ou de faire prendre toute décision ayant un impact sur les responsabilités confiées.

Enfin, le troisième sous-système d'un dispositif de DPPO concerne les procédures participatives. La participation n'est pas un but en soi, mais un moyen de mobiliser l'énergie humaine : « *Ce sont une confrontation et des ajustements, à chaque niveau hiérarchique, entre les objectifs qui expriment les ambitions de l'entreprise et les objectifs personnels de développement des individus, qui doivent permettre d'aboutir à la plus haute forme de motivation s'exprimant par un engagement personnel de chacun. Pour que ce dialogue ait les meilleures chances d'aboutir au résultat escompté, il est utile de lui donner le soutien d'une procédure formalisée.* »[2] Octave Gélinier parle de participation là où Peter Drucker parlait d'autocontrôle. La manière dont les objectifs sont fixés compte autant que leur formulation, tant il apparaît que, selon le consultant français, la « valeur ajoutée » du modèle tient à la capacité de promouvoir l'engagement personnel.

---

1. Le principe de parité, vieux de plusieurs décennies, retrouve actuellement ses lettres de noblesse grâce aux travaux de Robert Simons, professeur à la célèbre Harvard Business School. Un poste, une unité opérationnelle, une fonction, une division… produira de la performance à condition que *supply* (contrôle des ressources et soutien) et *demand* (résultats attendus et dépendance à l'égard des autres) soient équilibrées. Robert Simons, "Designing High-Performance Jobs", in *Harvard Business Review*, July-August 2005.
2. Octave Gélinier, *op. cit.*

Chapitre 2

Quand le MPO
devient le management

Le MPO est appréhendé différemment selon les auteurs : mode d'intégration pour les uns, style de management pour les autres. Dans les entreprises, il a rapidement trouvé son public. En France, il s'est largement développé au cours des années 1970 et 1980. Être rigoureux nécessiterait de parler des MPO plutôt que du MPO, tant les pratiques sont variées. Malgré leur diversité, elles peuvent être rangées dans deux catégories qui rejoignent presque la dichotomie des auteurs.

Le MPO à l'épreuve des faits

Dans la première catégorie, le MPO est pensé sur un mode « technocratique » comme la colonne vertébrale du budget. Les objectifs sont exclusivement financiers. La participation, la relation managériale… sont absentes du dispositif. Au premier chef dans les mains du contrôle de gestion, le MPO se résume à une affaire de chiffres. Les objectifs, déclinés puis fixés unilatéralement, sont synonymes de chiffre d'affaires à réaliser ou, pour les centres de coûts, de budget à respecter. Et, de fait, la diffusion du MPO le long de la ligne hiérarchique est concomitante à la décentralisation du contrôle de gestion. Plus celle-ci est importante, plus le MPO « descend bas » dans la hiérarchie : la direction, puis le département, l'établissement, le service, parfois même l'équipe quand sa performance est mesurable en termes financiers.

> Dans cette entreprise de biens de grande consommation, le budget est un rite qui génère une grande agitation et de nombreux débats entre les marques, zones géographiques... L'année est décomposée en cycles commerciaux de deux mois, rythmés par les campagnes promotionnelles. La direction générale fixe des éléments de cadrage ; des pré-budgets, élaborés à partir de prévisions fournies par le marketing, la R&D et la fabrication, sont affinés par les « Affaires », puis agrégés par le contrôle de gestion. Ils sont enfin amendés et entérinés par la direction générale. « Un chiffre, ça se fait », tel est le principal leitmotiv de cette entreprise. Une fois validé, le budget n'est remis en cause sous aucun prétexte. À chacun d'atteindre ses objectifs quoi qu'il arrive, sauf catastrophe majeure évidemment. Si un manager ne « fait pas son chiffre », c'est un échec personnel : toléré une fois, mais pas deux.

La seconde catégorie rassemble les dispositifs de MPO centrés sur la relation managériale. Leur intention ? Installer un moment d'échange formalisé et privilégié entre managers et collaborateurs. Le MPO est ici pensé comme une relation à deux, l'évaluation des résultats et la fixation des objectifs comme un bon prétexte de dresser un bilan et déterminer des perspectives de travail en commun. Dans cette optique, les objectifs, plus qualitatifs que quantitatifs, concernent le développement des compétences. Le MPO est surtout porté par la direction des ressources humaines, et, dans certains cas, par elle seule. Aucune cohérence n'est recherchée *a priori* : le dispositif débouche sur un simple « patchwork » d'entretiens bilatéraux peu harmonisés. Il peut alors être confondu avec son expression instrumentale sous les désignations les plus ronflantes, comme si la forme et la fréquence résumaient la finalité. Les entretiens sont autant d'occasions, d'ailleurs, de parler d'autres choses que d'objectifs : d'activités, de compétences, de formation, de parcours professionnel... et, *last but not least*, de soi-même.

> Dans cette entreprise de haute technologie, chaque site possède son propre dispositif d'évaluation. Les entretiens annuels se déroulent dans le désordre : plutôt du bas vers le haut de la hiérarchie que dans le sens contraire. La direction n'y attache pas beaucoup d'importance. D'ailleurs, ses membres ne montrent pas l'exemple : ils conduisent leurs entretiens, quand ils les mènent, souvent après la date limite indiquée par la direction des ressources humaines. Les objectifs sont fixés à partir des points forts et faibles d'une personne ou d'une équipe, plus que déclinés à partir de la stratégie d'entreprise. L'évaluation est réalisée dans une logique de dialogue et d'ajustement mutuel. Les objectifs sont rarement atteints, mais ne sont pas là pour cela. Les entretiens ne débouchent sur aucune décision de gestion des ressources humaines, surtout pas de rémunération.

Favoriser l'intégration par la standardisation financière ou structurer la relation managériale ? Dans les pratiques, le MPO est rarement les deux à la fois. Ces buts ne sont pas incompatibles, mais ne convergent pas naturellement. Le MPO est au service d'acteurs – la direction générale, les managers le long de la ligne hiérarchique, et les directions fonctionnelles – dont les intérêts ne concordent jamais complètement. Les contradictions, surmontées sans difficulté dans les discours – dont le fameux « penser globalement et agir localement » est l'exemple le plus courant –, le sont plus rarement dans les pratiques. Cela exige une conception de l'autonomie et du contrôle, peu compatible avec la culture de nombre d'entreprises. De l'avis même du fondateur du MPO, c'est souvent là que le bât blesse : *« Des centaines d'entreprises ont adopté une politique de gestion par objectifs – bien que seules quelques-unes d'entre elles l'aient poursuivie en passant à un réel contrôle autonome. »*[1]

---

1. Peter Drucker, *La nouvelle pratique de la direction des entreprises, op. cit.*

Signe ostentatoire d'une modernité supposée

« Dans le cadre des missions confiées au collaborateur, le responsable hiérarchique exprime annuellement ses exigences relatives aux résultats à obtenir, en cohérence avec le contrat de gestion de l'unité.

Il s'accorde avec son collaborateur sur les objectifs à atteindre. Ces objectifs, sur lequel le collaborateur doit avoir des leviers d'action pour qu'ils soient réalistes et motivants, doivent être mesurables à l'aide d'indicateurs quantitatifs ou qualitatifs pertinents, permettant d'évaluer leur atteinte. À ces objectifs sont associés des ressources mobilisables (temps, budget, ressources humaines…), des délais et des conditions de suivi.

Les objectifs sont définis en cohérence avec les projets d'entité et de contrats de gestion, et sur la base des actions de progrès identifiées lors de l'appréciation de l'année précédente.

Ils sont exprimés dans une lettre d'objectifs, élaborée à l'issue de l'entretien professionnel individuel.

Il appartient au responsable hiérarchique d'assurer un suivi continu de l'activité de son collaborateur, de l'assister, le guider, afin de favoriser l'atteinte des objectifs et de réaliser au fur et à mesure les ajustements concertés nécessaires. Il s'inscrit en ressource pour son collaborateur, pour lui permettre de progresser vers l'obtention des résultats attendus.

Le responsable hiérarchique et son collaborateur évaluent conjointement l'activité de la période écoulée : contribution du collaborateur, résultats obtenus et, pour la période à venir, l'ordre des priorités, les ressources à mobiliser.

Le point régulier est formalisé dans un entretien d'ajustement des objectifs et des priorités dont la périodicité doit être mensuelle.

Annuellement, le responsable hiérarchique et son collaborateur prennent le recul nécessaire pour faire le point et évaluer conjointement le niveau d'atteinte des objectifs, représentatif de la performance, et la qualité de la contribution qui caractérise le professionnalisme.

Cette appréciation se fait au cours de l'entretien professionnel individuel. Elle prend en compte les conditions de réalisation des objectifs et d'obtention des résultats : activités, contexte externe, comportement et compétences mises en œuvre.

L'appréciation est d'autant plus aisée que le suivi et le pilotage ont été bien effectués. Elle est un élément fondamental pour la définition des orientations pour l'année à venir et permet de définir un plan d'actions de progrès dans le but à la fois de réussir dans l'emploi occupé, mais aussi dans le parcours professionnel ultérieur.

Il est indispensable que, lors de l'entretien, il y ait un échange entre le responsable hiérarchique et son collaborateur, en matière de reconnaissance et de rémunération, même si les décisions en ce domaine ne peuvent être arrêtées dans ce seul cadre. [...] »

Le système de MPO, présenté dans l'exemple ci-dessus, est-il celui d'une entreprise anglo-saxonne ultra-compétitive ou celui décrit par les manuels de management ? Ni l'un ni l'autre ! Il s'agit d'un extrait d'une note intitulée « L'entretien professionnel individuel » dans une grande entreprise publique française que d'aucuns qualifieraient volontiers de bureaucratique. Elle a adopté une instrumentation – la face émergée de l'iceberg, évidemment – qui ressemble à s'y méprendre à des centaines d'autres. Elle a acheté un des signes ostentatoires de la modernité supposée. Présenté comme le système de management idéal, le MPO est omniprésent dans les entreprises privées, mais aussi dans celles du secteur public. Il fonctionne plus ou moins bien, mais quelles entreprises ne le pratiquent pas ? Elles sont rares. Sans MPO, une entreprise est immédiatement affublée de sobriquets divers et variés : « ringarde », « managée à la papa »…

En se généralisant et en se banalisant, le MPO a largement dépassé la frontière des entreprises. Ministères, organismes à but non lucratif… en sont également adeptes.

« [...] La circulaire du 31 juillet 2002 relative à la mise en œuvre du management par les objectifs à l'administration

> *pénitentiaire place cette démarche dans le contexte de la modernisation et d'amélioration de la performance du service public. Le management par objectifs initié depuis un an dans l'institution pénitentiaire s'impose comme le mode essentiel de gestion des services et des cadres et s'inscrit dans les orientations de la loi organique relative aux lois de finances (MODERFIE) du 1er août 2001. [...] Ainsi, la MODERFIE induit pour la première fois le passage d'une logique de moyens à une logique de résultats et à celle d'une définition des budgets par objectifs. En effet, la modernisation de la gestion publique impose d'expliciter les politiques publiques, d'en mesurer les résultats, d'identifier les moyens qui lui sont consacrés et de développer de nouvelles règles de responsabilisation dans le pilotage des moyens. Elle tend à valoriser le rôle des acteurs qui y concourent, à renouveler l'intérêt de leur métier et à asseoir une plus grande reconnaissance de leurs compétences. Trois niveaux charpentent le dispositif de management par objectifs : l'élaboration d'un diagnostic de la structure, l'identification des objectifs de la structure et des acteurs qui y concourent et enfin l'évaluation des cadres notamment sur la base des objectifs prédéfinis. [...]»[1]*

Comme en témoigne l'extrait, anonymisé par nos soins, de cet article d'un grand quotidien national[2], même les partis politiques suivent le mouvement.

> *« Pour le parti X, il s'agit de plébisciter un leader et de le mettre sur orbite. Pour y parvenir, il faut avoir le plus d'adhérents possible, à n'importe quel prix. Dans ce but, le président du parti X a mis en place des contrats d'objectifs à atteindre par département. Les performances de chacun d'entre eux sont scrupuleusement notées et classées. Une prime de 5 000 à 10 000 euros sera distribuée aux fédérations les plus méritantes. Le patron du parti X a prévu de recevoir à la fin de l'année les 10 meilleures fédérations et les 10 moins bonnes pour distribuer blâmes et félicitations. »*

---

1. Extrait du *Bulletin officiel du ministère de la Justice*, n° 93, 1er janvier-31 mars 2004.
2. *Libération*, vendredi 15 juillet 2005.

Le MPO n'a pas de limite. Rien ne l'arrête ! Il résout les problèmes organisationnels, pédagogiques[1], politiques, personnels et, pourquoi pas non plus, éducationnels (élevez vos enfants par les objectifs), sentimentaux (construisez votre couple par les objectifs)… Bref, la notion d'objectif est au cœur de l'existence.

Hors du MPO, point de management !

Succès aidant, le MPO est devenu la forme de management dominante, voire exclusive. Mais, paradoxalement, il ne fait plus beaucoup parler de lui en tant que tel. Consultants, professeurs, directeurs généraux, directeurs des ressources humaines… parlent plus volontiers de management de la performance, occultant dans un bel unanimisme l'emploi d'un barbarisme. Si manager consiste à transformer du travail en performance, alors cette dernière n'est pas l'objet du management, mais son résultat. Le management est le moyen, la performance la fin. On ne manage pas la performance ; en manageant, on la produit.

Les raisons pour lesquelles le MPO fait moins parler de lui ne sont pas seulement sémantiques. Il est tellement entré dans les mœurs qu'il est devenu *le* management, souvent opposé à bureaucratie. Chemin faisant, la fixation des objectifs a changé de statut : de première étape du MPO, elle est devenue la base du raisonnement managérial. Du modèle pour partie issu de l'observation, pour partie déduit de convictions, enrichi au fil du temps de la confrontation au terrain, le MPO a acquis le statut de dogme. Et, avec celui-ci, le caractère circulaire de la démonstration de la preuve : sans objectif, pas de mesure de la performance ;

---

1. La pédagogie par les objectifs a eu son heure de gloire dans les années 1970 ; aujourd'hui, toute session de formation débute par une présentation des objectifs pédagogiques, réutilisés à la fin pour évaluer la prestation.

donc, point de management puisque manager, c'est transformer du travail en performance. La boucle est bouclée ! Il n'y a de management que de management par les objectifs. Conclusion : si le management de la performance est un joli barbarisme, en se banalisant, le management par les objectifs se transforme, lui, en beau pléonasme. La locution « par les objectifs » devient superflue.

Les tours de passe-passe du magicien Drucker

Dans l'imaginaire collectif, le MPO devient *le* management, donc. Le premier responsable de cette transformation ? Son succès, à n'en pas douter. Mais sa popularité n'explique pas tout. Son fondateur n'est pas resté inactif. Dans *The Practice of Management* et *Management : Tasks, Responsabilities, Practices*, deux de ses ouvrages clés espacés de près de vingt ans, Peter Drucker écrit la même chose à une différence près, mineure sur la forme, majeure sur le fond : le terme management a remplacé celui de MPO. Et, quand malgré tout il recourt à l'appellation en tant que telle, ce n'est plus pour désigner une technique particulière, mais un principe constitutionnel du management[1]. Sous sa plume, la fixation d'objectifs quitte le giron du MPO pour devenir l'un des cinq rôles de tout manager[2]. Finalement, les managers n'auraient qu'une alternative : manager par les objectifs ou ne pas manager du tout – « laisser-faire », dit-on fréquemment.

---

1. « *Mais la gestion par objectifs et contrôle autonome est plus qu'un mot de passe, plus qu'une technique, plus même qu'une politique. C'est, pour ainsi dire, un principe constitutionnel.* » Peter Drucker, *La nouvelle pratique de la direction des entreprises, op. cit.*
2. En plus de fixer des objectifs, tout manager organise, motive et communique, mesure les performances et forme ses collaborateurs. Peter Drucker, *op. cit.*

Un manager qui ne fixe pas d'objectifs à ses collaborateurs, et dont les objectifs ne sont pas déclinés à partir de ceux de son propre responsable hiérarchique, est montré du doigt. Inversement, il suffit de fixer de « bons » objectifs, aujourd'hui qualifiés de SMART (spécifiques, mesurables, ambitieux, réalistes et inscrits dans le temps), pour rentrer aussitôt au panthéon des managers. Conclusion : ne pas fixer d'objectifs à ses collaborateurs est présenté comme une des dix erreurs de management courantes par un des manuels les plus populaires du moment[1]. Sans objectifs, les collaborateurs ne savent pas où aller. Ils n'ont pas de défis à relever, perdent leur motivation jusqu'à, précisent les auteurs, venir au bureau uniquement pour toucher leur salaire. Non performants, ils risquent même de ne plus travailler.

Peter Drucker ne s'exprime donc plus seulement au nom du fondateur du MPO, modèle de management particulier adapté à un contexte spécifique, mais comme le père du management tout court. Son talent et la force de sa conviction aidant, tout le monde finit par le croire. Et pourtant : non, les objectifs ne sont pas le seul moyen de mesurer la performance ; non, la fixation d'objectifs n'est pas la première étape du cycle de management, mais seulement celle du MPO ; non, le MPO n'est pas universel, mais simplement une déclinaison particulière du raisonnement managérial ; oui, on peut manager autrement que par les objectifs. Le dogme fonctionne de manière tellement puissante qu'il faut parfois être aussi caricatural que lui pour s'en affranchir et, ce faisant, retrouver une liberté de penser le management différemment. Nous y reviendrons après avoir montré en quoi et pourquoi le MPO n'est plus adapté au contexte organisationnel et managérial actuel.

---

1. Bob Nelson et Peter Economy, *Management for Dummies*, IDG Books Worldwide, 2001. Traduction française : *Le management pour les nuls*, First Éditions, 2003.

Chapitre 3

À bout de souffle !

Dans l'imaginaire collectif, le MPO est bel et bien devenu le management. Il est néanmoins l'objet de nombreuses critiques, voire de profondes remises en cause, en commençant par ceux qui le pratiquent. Paradoxe ? À voir…

La règle plutôt que la relation de face-à-face

En France, les observateurs du monde des affaires ont longtemps considéré que les limites du MPO étaient surtout, et avant toute chose, culturelles. Contrairement aux États-Unis, la relation hiérarchique reposerait moins sur la logique contractuelle que sur celle de l'honneur théorisée par Philippe d'Iribarne[1]. L'honneur est un préjugé, auquel sont associés devoirs et privilèges, lié au rang que l'on tient en société ou dans l'entreprise. Les problèmes posés par ce trait culturel en matière de MPO, où le collaborateur et son manager s'engagent contractuellement sur des contributions et rétributions, sont aisément compréhensibles.

Dans les années 1960 déjà, Michel Crozier[2] avait bien montré la difficulté des Français à résoudre des problèmes dans une relation de face-à-face ; expliquant ainsi notre

---

1. Philippe d'Iribarne, *La logique de l'honneur*, Le Seuil, 1989.
2. Michel Crozier, *Le phénomène bureaucratique*, Le Seuil, 1964.

préférence pour la règle, un intermédiaire bien commode dans les relations interpersonnelles. Or, justement, le MPO a longtemps été présenté comme une « machine de guerre » contre la bureaucratie, une manière de sortir d'une logique de moyens et d'entrer dans une logique de résultats. Les objectifs sont-ils au management ce que les règles sont à la bureaucratie ? Pas si simple ! L'existence de règles n'est pas forcément synonyme de bureaucratie. Les règles peuvent être de véritables leviers de management, des moyens de produire et de mesurer la performance : c'était le projet de l'organisation scientifique du travail (OST) de Frederick Taylor. Inversement, la présence d'objectifs, même toni-truante, n'est pas synonyme de management. La fixation d'objectifs peut être détournée de son but initial. Dans cer-taines grandes entreprises, le MPO s'est déjà clairement transformé en bureaucratie par objectifs.

> Depuis quelques années, cette entreprise doit faire face à une concurrence très agressive. Afin d'être plus performante, elle cherche à faire évoluer ses processus, ses métiers, la structure de ses effectifs, mais aussi sa culture et ses modes de manage-ment. L'introduction du MPO est présentée comme l'un des piliers de ce changement d'envergure. Des systèmes sophisti-qués sont mis en place pour définir, évaluer et récompenser les performances, tant individuelles que collectives. D'autres assurent pilotage et *reporting*.
>
> Comment cela fonctionne-t-il ? Une fois définie par le comité de direction, la stratégie (bonne ou mauvaise, là n'est plus l'essentiel) est déclinée de haut en bas de la ligne hiérarchi-que (là est la vertu cardinale) dans chaque direction, puis dans les services. Le tout est très détaillé et même, selon cer-tains, « maladivement précis ». Rien n'est laissé au hasard. Les objectifs sont plus imposés que négociés. Chaque niveau hié-rarchique traite celui d'en dessous comme il a été traité par celui d'au-dessus. Personne ne se plaint de ce manque de contractualisation, pourtant au cœur de la philosophie initiale du MPO. Pourquoi ? Parce que tout le monde sait très bien que les objectifs ne sont pas fixés pour être atteints. Ce sont des ambitions, pas des engagements. Par exemple, un direc-

teur présente une des unités sous sa responsabilité de la manière suivante : « C'est la plus performante, elle a presque atteint ses objectifs. » Quelle prouesse !

Dans les faits, les managers « bâtonnent » pour reprendre l'expression consacrée par certains, c'est-à-dire remplissent les cases des formulaires et des tableaux de *reporting*, d'importants volumes soigneusement rangés dans les placards. En bon élève, chacun s'exécute, mais personne n'est dupe. Tout le monde semble trouver son compte à ces « faire semblant », sauf peut-être la direction. Pendant que les managers « bâtonnent », les concurrents prennent des parts de marché.

Une complexité accrue liée à l'incertitude et à l'instabilité

Les limites culturelles existent depuis le départ. Elles sont plutôt moins importantes aujourd'hui qu'elles ne l'étaient il y a cinquante ans. Ce ne sont donc pas elles qui pourraient présentement remettre en cause le MPO. Les raisons sont à chercher ailleurs. Mondialisation des échanges, accroissement de la concurrence, sophistication des technologies, comportements plus volatiles et moins fidèles ? Les environnements économiques, techniques, commerciaux et sociaux sont plus complexes. La variété croissante des situations, l'accroissement de l'incertitude et de l'instabilité sont les principales expressions de cette complexité. Ces trois facteurs ne sont pas indépendants. Au contraire, ils se renforcent mutuellement. Ils influencent le fonctionnement de l'entreprise et, par là même, la situation de travail de nombre de managers. Beaucoup ont perdu en visibilité. Le changement est devenu la règle et, parfois, seules les évolutions démographiques restent prévisibles : « L'année prochaine, mes collaborateurs auront un an de plus… mais ne seront peut-être plus membres de mon équipe, voire, même, salariés de l'entreprise. » À la question « pourquoi rencontrez-vous des difficultés pour fixer des objectifs à vos collaborateurs ? », les réponses les plus fréquentes sont : « Nous n'avons pas suffisamment d'information ; ça change tout le temps. » Pour s'adapter à ces évolutions, certaines entreprises ont diminué le temps de cycle du MPO (fixation des objectifs, suivi du travail et évaluation des résultats).

> Le directeur général d'une grande entreprise de services « tape du poing sur la table ». Pour quelle raison ? La rémunération variable n'est pas si variable que cela. Tout le monde touche peu ou prou la même chose. Globalement, le bonus est l'équivalent d'un treizième mois, devenu au fil du temps et par habitude un avantage acquis. Récompenser la performance individuelle ? Non ! Avec la rémunération variable, les managers achètent plutôt la paix sociale. Pour pouvoir faire des différences individuelles en matière de rémunération, il faut être capable de les justifier. Or, de toute évidence, ce n'est pas le cas. C'est bien au niveau de la fixation des objectifs et de l'évaluation des résultats que le bât blesse. Les managers ont pourtant été formés. Ils savent comment faire, mais n'y parviennent pas. En grande partie à cause de l'évolution des environnements. Depuis quelques années déjà, l'entreprise traverse une zone de turbulence. Pour nombre de managers, « au-delà de trois mois, nous ne savons pas à quelle sauce nous allons être mangés. Une fois fixés, la plupart des objectifs sont déjà caducs. L'horizon annuel est beaucoup trop long ». Sur la base de ce diagnostic, la direction des ressources humaines décide de transformer l'entretien annuel en entretien semestriel de manière à raccourcir le cycle du MPO.

Une solution consiste donc à multiplier le nombre d'entretiens. Mais, au bout du compte, les managers se plaignent de « perdre » leur temps à fixer des objectifs, évaluer des résultats, faire du *reporting*... Ils passent leurs journées enfermés dans leur bureau à remplir des formulaires, des tableaux de bord et n'ont plus la disponibilité d'être sur le terrain auprès de leurs collaborateurs. Le pilotage prime sur tout le reste, en particulier l'animation d'équipe et le développement des collaborateurs : deux des « maillons faibles » de la fonction managériale.

Dans une entreprise de la grande distribution, tous les semes-
tres, en janvier et en juillet, et non tous les ans comme il y a
encore quelques années, deux types d'objectifs sont fixés aux
chefs de rayon et de secteur lors d'un entretien spécifique :
quantitatifs (montant et croissance de chiffre d'affaires,
marge…) et qualitatifs, des actions particulières à réaliser au
cours du semestre. Cette performance individuelle est rétri-
buée par la RVI (rémunération variable individuelle). En plus,
existe un entretien – annuel, lui – visant à évaluer la tenue du
poste, recueillir les besoins en formation, les souhaits d'évolution professionnelle… Au total, tous les ans, les managers
conduisent trois entretiens différents avec chacun de leurs
collaborateurs. Certains trouvent que c'est beaucoup, qu'ils y
passent trop de temps aux dépens d'autres fonctions.

Une production plus immatérielle, un travail plus intellectuel

Une autre évolution d'importance concerne la nature du travail. Les « travailleurs du savoir », selon la belle expression
de Peter Drucker[1], encore lui, sont de plus en plus nombreux. On produit de moins en moins de biens, on traite de
plus en plus d'informations… Tout ceci rend le travail d'un
nombre croissant de salariés beaucoup plus immatériel. Or,
moins la production est tangible, plus fixation et déclinaison des objectifs sont compliquées[2]. Le MPO fonctionne
très bien chez les commerciaux. À cause de leur appât du
gain, avance-t-on généralement. C'est réducteur : la nature

---

1. Traduction de "Knowledge workers". Peter Drucker, "The Coming of the New
Organization", in *Harvard Business Review*, January-February 1988.
2. Avec le *Balanced Scorecard*, Robert Kaplan et David Norton ont tenté d'appréhender la performance autrement qu'en termes financiers. L'intention est louable
et la théorie intéressante. Mais, en pratique, rares sont les démarches qui n'ont pas
tourné à de véritables « usines à gaz ». Robert Kaplan et David Norton, "The Balanced Scorecard : Measures that Drive Performance", in *Harvard Business Review*,
July-August 1992.

des objectifs, souvent quantitatifs car liés à la réalisation d'un chiffre d'affaires ou à une prise de commandes, y est aussi pour quelque chose[1].

Le MPO est moins heureux chez les fonctionnels, dans les directions des ressources humaines par exemple. Pour quelles raisons ? La performance ne peut pas, ou de manière très imparfaite, être mesurée en termes quantitatifs. En outre, les objectifs sont souvent difficilement déclinables à partir du but de l'entreprise, en tout cas pas de manière immédiate et mécanique.

> Selon une enquête réalisée en juillet 2003 par le cabinet de conseil Eurogroup auprès des directions fonctionnelles d'une quarantaine d'entreprises des secteurs assurance, banque, distribution et industrie, seul un dirigeant fonctionnel sur trois parvient à faire le lien entre la stratégie de son entreprise et la fixation d'objectifs à court terme. Pourquoi ? Selon les auteurs de l'étude, les directions fonctionnelles sont rarement en première ligne dans l'explication de la stratégie de leur entreprise. Elles ont donc beaucoup de difficultés à se l'approprier, à la transmettre à leurs collaborateurs et, par là même, à leur fixer des objectifs individuels. Dans ces conditions, précisent-ils, la solution la plus pratique et courante consiste à reconduire les objectifs à l'identique d'une année sur l'autre, assortis d'un coefficient « mécanique » de croissance. En outre, la fixation des objectifs est jugée difficile dès qu'il s'agit de sortir des aspects quantitatifs. S'il est relativement aisé de fixer des objectifs de respect des budgets, des délais ou de baisse des frais généraux, les dirigeants interrogés se retrouvent en revanche dans l'embarras face au qualitatif.

---

1. Et encore ! Même chez les commerciaux, le MPO est aujourd'hui remis en cause, le montant de chiffre d'affaires réalisé n'étant pas forcément un indicateur pertinent pour mesurer leur performance : un « mauvais » commercial qui vend de « bons » produits réalisera sans nul doute un chiffre d'affaires supérieur à un « bon » commercial qui vend de « mauvais » produits. Dans bien des circonstances, la vente sanctionne plus la qualité du produit que les compétences commerciales du vendeur.

La déclinaison des objectifs est particulièrement délicate au sein des directions fonctionnelles. Ces difficultés, à un degré moindre peut-être, se retrouvent ailleurs. À énoncer, le principe est évident ; sa mise en pratique l'est moins. En réalité, les objectifs sont dupliqués, répartis, partagés, au mieux déployés, mais rarement déclinés. Plus facile à dire ou à écrire qu'à faire, donc.

> Dans une grande entreprise informatique, le plan de croissance mondial est défini au siège américain de la compagnie, avant d'être décliné en Europe, puis pays par pays. Le directeur de l'intégration stratégique et des supports de vente France déclare : « Le plan donné à la France est incontournable. À partir de là, je n'ai plus qu'à trouver des clés de répartition entre individus. »[1]

Des organisations aussi transversales que verticales

Là où les organisations « traditionnelles » sont parcellisées et verticalisées, les structures en réseau et par projet développent la transversalité et le travail de groupe dans les organisations « modernes ». Les collaborateurs deviennent polyvalents, multi-appartenants, et dépendent davantage les uns des autres pour remplir leur mission réciproque. Rattachés à une ou plusieurs unités d'organigramme, par exemple dans le cadre d'une structure matricielle, ils contribuent à différents processus, participent simultanément à plusieurs projets... Le MPO a pénétré le management de projet[2]. Mais, dans des organisations aussi horizontales que verticales, les

---

1. « Cols blancs ou bleus, obligation de résultats pour tous ! », *Liaisons Sociales Magazine*, octobre 1999.
2. Par exemple, « réévaluez périodiquement les objectifs de la mission » et « récompensez les salariés quand l'objectif est atteint » sont deux des dix conseils pour un management de projet durable présentés par le mensuel *Management* en février 2000.

objectifs ne sont plus déclinables mécaniquement le long de la ligne hiérarchique. Plus exactement, il n'y a pas une, mais des déclinaisons croisées. Avec tout ce que cela implique : des négociations et des arbitrages entre des intérêts convergents pour une partie, divergents pour une autre.

Ces organisations à plusieurs dimensions remettent en cause un principe managérial institué il y a près d'un siècle par Henri Fayol[1] : l'unicité du lien hiérarchique. Chaque collaborateur doit être rattaché à un seul manager. En général, ce n'est plus le cas aujourd'hui. Les rattachements hiérarchiques, fonctionnels... sont multiples. Du coup, les objectifs ne peuvent plus être fixés par une seule personne, déclinés le long d'une ligne managériale unique. L'exercice nécessite des espaces d'échange, de communication et de négociation qui n'existent pas toujours, formellement au moins.

> Cette entreprise de haute technologie est organisée par produits, marchés, pays, régions... Sa structure n'est plus matricielle, mais multidimensionnelle. Le progiciel de gestion intégré permet de composer, décomposer, puis recomposer quasi automatiquement les différents budgets de manière à décliner les objectifs autant de fois que la structure compte de dimensions. Mais seuls les objectifs financiers sont déclinés. Pour les autres, l'exercice est impossible. Certaines personnes ne savent plus ni combien elles ont de « chefs » ni lequel va conduire leur entretien annuel. Du coup, les objectifs qualitatifs ont disparu de la circulation. Une belle régression, selon certains, surtout après des années d'investissement dans le développement managérial où le discours sur la nécessité de dépasser le stade de la déclinaison des objectifs budgétaires a été martelé lors de nombreuses sessions de formation. Pour d'autres, la direction de l'entreprise n'est plus à une contradiction près.

---

1.   Henri Fayol, *Administration industrielle et générale*, Dunod, 1918.

Le développement du travail de groupe est un des corollaires de la transversalisation des organisations. Dans nombre de situations de travail, la performance n'est plus individualisable. On peut parler de la performance d'un département, d'un service ou d'une équipe, pas de celle d'un individu en particulier. Dès lors, à partir d'un certain niveau organisationnel, la déclinaison des objectifs est contre-productive. En individualisant ce qui ne l'est pas, on aboutit à l'opposé du but visé.

Le MPO, obsolète

Accroissement de l'incertitude, instabilité des environnements, modification de la nature du travail, transformation des organisations… autant d'évolutions irréversibles qui compliquent la pratique du MPO. Au-delà d'un certain seuil, elles le dénaturent, le complexifient jusqu'à le rendre inopérant.

Comment formaliser la contribution d'un chercheur ? Peut-on lui fixer des objectifs ? Est-ce même souhaitable ? Compte tenu de la nature de son travail, de l'incertitude de ce qu'il va potentiellement trouver, cela a-t-il un sens ? Un quelconque objectif ne risque-t-il pas de brider sa créativité ? Les chercheurs éprouvent de longue date l'impossibilité du MPO. Dans le futur, compte tenu de l'évolution des organisations et de la transformation de la nature du travail, de plus en plus de salariés se trouveront dans une situation similaire.

Le contexte actuel n'est en rien comparable à celui dans lequel le MPO a vu le jour. Celui-ci risque donc de ne plus seulement être difficile. On ne pourra plus le déformer en essayant de faire entrer la réalité dans les cases du formulaire de l'entretien annuel. Il est inadapté, voire contre-productif. Aujourd'hui, le MPO ne permet plus de transformer du travail en performance. Il faut imaginer d'autres solutions.

Chapitre 4

Non, le MPO n'est pas universel !

Peter Drucker est un homme d'exception, un « grand monsieur » du management. C'est indéniable ! Il a marqué de manière irréversible l'évolution des idées. Qu'il soit considéré par certains[1] comme le « gourou des gourous », pourquoi pas. Mais comme le « père du management » [2], non ! Il n'est pas plus l'inventeur du management que Frederick Taylor. Le management, concomitant à l'action collective finalisée, remonte à la nuit des temps.

Non seulement Peter Drucker n'a pas inventé le management, mais il n'est même pas le premier à en avoir formalisé les principes. Un Français, Henri Fayol[3], l'a fait quarante ans avant lui. Ce praticien, qui a fini sa carrière comme directeur général de la société de Commentry-Fourchambault à Decazeville au début du siècle dernier, appréhende le

---

1. Par exemple, Carol Kennedy, *Guide to the Management Gurus. Shortcuts to the Ideas of Leading Management Thinkers*, Century Business Books, 1991. Traduction française : *Toutes les théories du management. Les idées essentielles des auteurs les plus souvent cités*, Maxima, 1993 ; ou Laure Belot, « Peter Drucker », in *Le Monde*, jeudi 17 novembre 2005.

2. Par exemple, Jack Beatty, *Drucker, l'éclaireur du présent. Biographie intellectuelle du père du management*, Village Mondial, 1998 ; Michel Drancourt, « Les vraies leçons de Peter Drucker », in *Les Échos*, mercredi 7 décembre 2005 ; Laetitia Mailhes, « Peter Drucker : la soif du management », in « L'art du management », *Les Échos*, jeudi 20 octobre 2005 ; Muriel Jasor, « Peter Drucker, défricheur du management », in *Les Échos*, jeudi 17 novembre 2005.

3. Henri Fayol, *op. cit.*

management comme une fonction à part entière composée de cinq grandes catégories d'activités : la prévision, l'organisation, la coordination, le commandement et le contrôle. Nombre de travaux ultérieurs, tous anglo-saxons, ont ramené ces cinq catégories à quatre, intégrant la coordination à l'organisation.

Ce qui est présenté comme universel par Peter Drucker – le cycle fixation d'objectifs, suivi du travail et évaluation des résultats – n'est en fait qu'une déclinaison partielle et particulière du raisonnement managérial, pertinente seulement dans un contexte particulier : celui de l'expansion et de la décentralisation des grandes entreprises américaines des années 1950. Omission involontaire ? Peter Drucker ne se réfère jamais à Henri Fayol, dont les travaux sont pourtant largement connus des Anglo-Saxons au moment où paraît *The Practice of Management*.

Les règles ont précédé les objectifs

Le MPO n'a rien d'universel, donc. Un peu d'histoire encore pour continuer à s'en convaincre : avant de manager par les objectifs, on a managé par les règles. La vedette est déjà américaine ; elle se nomme Frederick Taylor. Les principes du management par les règles sont les suivants : le bureau des méthodes prescrit le travail des opérateurs – et pas seulement ses résultats, comme dans le MPO – à travers des consignes, procédures, instructions de travail, modes opératoires ; les contremaîtres, eux, contrôlent l'application des règles.

Le MPO est apparu au moment où les grandes entreprises américaines, du fait de leur taille et de la diversité de leur activité, se sont décentralisées. Pourquoi décentralise-t-on une organisation ? Pour donner la possibilité à chacune de ses unités d'adopter une stratégie spécifique, adaptée à un sous-environnement particulier. Sans aucune prescription des manières de faire, seuls les résultats à atteindre sont formalisés. L'unité décentralisée est la mieux placée pour savoir comment résoudre les problèmes auxquels elle est confrontée. Dans le management par les règles, on considère au contraire que le bureau des méthodes prime sur les opérateurs pour savoir comment résoudre les problèmes rencontrés par ces derniers. Il y a d'un côté ceux qui pensent, de l'autre ceux qui font.

Aujourd'hui, l'heure de gloire du management par les règles est passée. Si cette forme de management n'est plus dominante, elle n'a pas disparu pour autant. Elle est encore particulièrement présente dans les entretiens annuels qui, bien souvent, commencent par une description de fonction : formalisation des missions, des activités… La réhabilitation de la notion de processus – terme moderne de procédé –, dans les démarches d'assurance qualité ou les fameux ERP (*Enterprise Resource Planning*) – progiciel de gestion intégré (PGI) en français –, est même le signe d'un regain d'intérêt pour la règle comme levier de performance. Le management par les règles est parfois renommé management par les processus, le bureau des méthodes transformé en département qualité, responsable dans nombre d'entreprises organisées par processus de la formalisation et du suivi de ces derniers. L'appellation change, mais l'esprit et la logique restent les mêmes. On refait du neuf avec de l'ancien, pratique courante en matière de management.

Un moyen de mesurer la performance parmi d'autres

Il n'y a pas d'organisation sans intention, finalité ou but. Celui d'une entreprise ? Survivre et se développer dans un environnement hostile, répond dès les années 1970 le BCG[1], célèbre cabinet de conseils en stratégie. Une organisation est performante quand elle atteint son but en utilisant au mieux ses ressources financières, humaines et techniques. Pour être mesurée, toute performance nécessite une référence qui permet de dire si le but est ou n'est pas atteint. Un objectif, en énonçant le ou les résultats attendus, convertit un but en cible à atteindre. C'est donc bien une référence qui, parce qu'elle offre la possibilité de comparer deux états – celui de départ et celui d'arrivée –, permet de mesurer une performance. Mais c'est un moyen parmi d'autres, une référence qui n'a rien d'universel.

L'objectif est sûrement le moins mauvais moyen de mesurer la performance du directeur général ou de tout manager responsable d'un compte de résultats. Mais comment mesure-t-on la performance d'un opérateur sur une chaîne de montage ? Bien plus par les règles, en l'occurrence les modes opératoires et les instructions de travail, que par les objectifs. Un opérateur est performant quand il réalise son travail de manière conforme aux modes opératoires définis par le bureau des méthodes. Peter Drucker a pris le cas du directeur général pour une généralité. Il a été victime d'ethnocentrisme de classe, diraient les sociologues. C'est là une de ses erreurs essentielles : le résultat du travail ne peut pas être la seule référence permettant de mesurer la performance en toutes circonstances. Dans certains cas, la manière de le réaliser est plus pertinente.

---

1. Boston Consulting Group, *Les mécanismes fondamentaux de la compétitivité*, Éditions Hommes et Techniques, 1985.

En fait, pour Peter Drucker, but et objectif ne font qu'un. Il utilise indifféremment l'un ou l'autre[1]. Erreur de raisonnement ou dérive idéologique ? Peu importe, là n'est plus la question. L'important est de remettre les choses à leur place. Réaffirmons-le une fois encore, l'exercice n'est pas vain tant les convictions sont ancrées dans les esprits : l'objectif n'est qu'un moyen parmi d'autres d'opérationnaliser un but et, donc, de mesurer la performance. Manager par les objectifs signifie manager au moyen des objectifs pour atteindre un but. Le but est à l'organisation ce que la performance est au management, soit. Mais le but n'est pas l'objectif. Il y a donc une vie en dehors du MPO.

Même nécessaires, les objectifs ne sont jamais suffisants

Un autre tour de passe-passe du magicien Drucker, qui décidément en à plus d'un dans son sac, est de nous faire croire, ou plus subtilement de nous laisser penser, que le management se réduirait à la déclinaison des objectifs. Et si cela ne fonctionne pas, c'est que la recette n'a pas été correctement suivie. Si le MPO ne produit pas les effets escomptés, c'est moins parce qu'il ne se suffit pas à lui-même que pour des raisons de mise en œuvre. Subtil !

Et pourtant ! Même nécessaires pour mesurer la performance, les objectifs ne sont jamais suffisants pour manager,

---

1. Dans ses textes, les phrases où le terme « objectif » peut être remplacé par celui de « but » sont légion. Deux exemples illustratifs pour s'en convaincre, la place manquant ici pour en citer d'autres : « *Toute entreprise exige que ses membres s'engagent à partager les mêmes objectifs et les mêmes valeurs.* » (in *The New Realities*, Harper and Brother, 1988. Traduction française. *Les nouvelles réalités*, InterÉditions, 1989. Chapitre repris dans *Devenez manager ! op. cit.*). « *Toute institution possède un objectif et une mission spécifiques. Pour l'entreprise, c'est la performance économique.* » (in *La nouvelle pratique de la direction des entreprises, op. cit.*).

y compris quand ils sont fixés de manière participative. Il ne suffit pas de fixer des objectifs pour les atteindre, de décliner des objectifs pour produire de la performance. Si on l'a oublié, certains ne manquent pas de nous le rappeler régulièrement. Par exemple, pour Michael Hammer et James Champy[1], inventeurs du *reengineering*, en plus de fixer des objectifs, pour transformer le travail en performance, il faut organiser l'entreprise autour des principaux processus qui la traversent.

Non seulement les objectifs ne sont jamais suffisants pour manager, mais, dans certaines situations, ils ne sont même pas nécessaires. Tout comme on peut utiliser d'autres moyens pour mesurer la performance, on peut actionner d'autres leviers pour la produire. Là aussi, les règles sont un bon exemple : on a transformé le travail en performance par les règles avant de manager au moyen des objectifs. Nous verrons dans la deuxième partie de cet ouvrage que, au-delà des règles et des objectifs, d'autres leviers de management existent.

---

1. Michael Hammer et James Champy, *Reengineering the Corporation : A Manifesto for Business Revolution*, Harper Business, 1993. Traduction française : *Le Reengineering : réinventer l'entreprise pour une amélioration spectaculaire de ses performances*, Dunod, 1993.

PARTIE 2

LE MANAGEMENT, UNE COMBINAISON

Nous présentons deux autres modèles, le management par les valeurs et par les compétences, pour montrer qu'on peut manager autrement que par les objectifs. Après quoi, en nous appuyant sur le principe de la contingence, nous avançons que le modèle idéal n'existe pas. Puis, en partant des pratiques des managers, nous observons que les différents modèles sont complémentaires, pas exclusifs. Cela nous permet de discuter l'intérêt et les limites des réponses pragmatiques des entreprises aux insuffisances du MPO. À partir de ces constats, nous posons les conditions d'émergence d'un management combinatoire.

Chapitre 5

Le management par les valeurs

La culture d'entreprise a précédé le management par les valeurs, dans la littérature au moins. Dès les années 1930, Chester Barnard[1], cadre supérieur à la Bell Telephone Company, y fait référence. Il confère à l'entreprise une « personnalité » propre et fait des dirigeants les dépositaires de ses valeurs. Après quoi, pendant environ cinquante ans, à quelques exceptions près, la notion de culture d'entreprise est tombée dans les oubliettes de la littérature managériale. Au début des années 1980, elle réapparaît avec force jusqu'à faire l'objet d'une véritable mode initiée par quelques ouvrages à succès dont celui, aussi célèbre qu'éphémère, de Tom Peters et Robert Waterman[2] sur l'excellence. Depuis, la notion n'a pas quitté le devant de la scène. Certains ont tenté de manager la culture. D'autres, plus sages, se sont contentés de manager avec la culture[3].

Management par les valeurs et culture d'entreprise sont liés, mais poursuivent des buts différents. Le management par les valeurs ne consiste ni à manager la culture, ni même à

---

1. Chester Barnard, *The Functions of the Executive*, Harvard University Press, 1938.
2. Tom Peters et Robert Waterman, *In Search of Excellence*, Prentice Hall, 1982. Traduction française : *Le prix de l'excellence*, InterÉditions, 1983.
3. Pour plus de détails, nous renvoyons le lecteur intéressé à notre ouvrage sur le sujet : Éric Delavallée, *La culture d'entreprise pour manager autrement*, Éditions d'Organisation, 2002.

manager avec la culture. Il ne s'agit pas de faire évoluer les valeurs, voire d'inscrire l'action managériale dans le système de valeurs de l'entreprise. Ces dernières sont utilisées pour transformer le travail en performance. Elles ne sont ni l'objet du management, ni le contexte dans lequel il s'inscrit et dont il doit tenir compte. Ce sont des leviers actionnés pour produire de la performance, des références utiles pour mesurer cette dernière.

> Dans la rédaction de ce mensuel, on trouve une charte éditoriale. Le rédacteur en chef fixe des objectifs aux journalistes, mais de manière informelle, au cas par cas. Pour chaque article, le journaliste connaît le thème, l'angle, le nombre de signes et les moyens dont il dispose, notamment en temps. Mais le rédacteur en chef n'utilise pas ou peu les objectifs pour transformer le travail en performance. Pour cela, il recourt plutôt à la charte, même de manière implicite, en utilisant les comportements, les manières de faire. La norme employée pour produire et évaluer la performance est d'abord comportementale.

Valeurs et croyances ne sont pas synonymes

Valeurs et croyances, souvent confondues, ne sont pas de même nature. Les premières concernent le bien et le mal, les secondes le vrai et le faux. Formaliser les valeurs d'une entreprise, c'est donc définir ce qui, de son point de vue, est bien ou mal, ce qu'il est autorisé de faire ou pas en son sein. Les valeurs donnent du sens. Mais, très générales, elles ne disent rien de véritablement opérationnel. C'est pourquoi elles se déclinent en normes de comportement qui indiquent comment se comporter dans telles ou telles situations particulières. Les normes précisent, opérationnalisent les valeurs. Par exemple, « l'équité » est une valeur qui, dans le domaine de la rémunération, peut se décliner en « rémunérer ses collaborateurs en fonction de leur contribution », recommandation qui guide les managers au moment des augmentations individuelles ou des bonus. *A priori*, on ne les oriente pas vers le « saupoudrage » qui consiste à attribuer le même montant à tout le monde, quelle que soit la contribution. Une telle pratique est plus égalitaire qu'équitable.

> Dans sa charte, une banque retient quatre valeurs : le respect des personnes, la considération, l'engagement et la cohésion. Chaque valeur est déclinée en normes de comportement. Pour la valeur « respect des personnes », les principales normes de comportement sont : accepter les insuffisances et les échecs ; favoriser l'expression et l'échange ; faire preuve d'équité et de transparence ; ne pas faire de promesses intenables ; ne pas montrer du doigt ; respecter les différences.

Parfois, une seule déclinaison ne suffit pas. Une seconde est nécessaire pour rendre les valeurs véritablement opérationnelles.

> Une entreprise de l'aéronautique intègre dans son dispositif d'entretiens annuels une évaluation du comportement des managers à partir de six valeurs : le sens du client ; le respect des engagements ; l'innovation et l'esprit d'entreprendre ; la valorisation des hommes ; le professionnalisme au service de l'efficacité ; la performance économique. Chaque valeur est déclinée en comportements. La valeur « valorisation des hommes », par exemple, est déclinée en quatre comportements : responsabiliser et déléguer ; reconnaître les hommes et favoriser leur évolution ; informer, mobiliser et écouter ; maîtriser le temps. Les comportements sont eux-mêmes déclinés en pratiques. Le comportement « responsabiliser et déléguer », par exemple, est décliné en quatre pratiques qui figurent dans le tableau de la page suivante. Enfin, chaque pratique est évaluée sur une échelle à quatre niveaux.

La valorisation des hommes

Comportement	Pratiques	Évaluation[a]			
		1	2	3	4
Responsabiliser et déléguer	Je fixe à mes collaborateurs des objectifs clairs, associés aux moyens nécessaires à leur réalisation. J'en discute avec eux pour obtenir leur adhésion.				
	Je pratique la délégation avec des règles et des moyens bien définis et acceptés : ce qui peut être effectué à un niveau donné dans un cadre délimité n'est pas pris en charge ou remis en cause par un niveau supérieur.				
	Je responsabilise mes collaborateurs, je favorise et récompense leurs prises d'initiatives.				
	Je crée les conditions du travail en équipe.				

a. 1/ Je ne le fais presque jamais. Je dois m'améliorer fortement. 2/ Je le fais ponctuellement. Je dois aller au-delà. 3/ Je le fais le plus souvent. Je dois généraliser. 4/ Je le fais systématiquement.

Dans le management par les valeurs, est performant, non pas celui dont les résultats sont à la hauteur des objectifs fixés comme dans le MPO, mais celui dont les comportements sont conformes aux valeurs. À la différence des règles, les valeurs prescrivent les comportements de manière informelle. Dans certaines situations, les normes de comportement sont pertinentes pour produire et mesurer la performance.

Toutes les valeurs ne se valent pas

Le management par les valeurs souffre d'un travers important : les chartes sont souvent perçues comme des gadgets. Personne ne se retrouve dans la poignée de valeurs, étrangement semblables d'une entreprise à l'autre, définies trop rapidement par le comité de direction lors de son dernier séminaire « au vert ». Pourtant, toutes les valeurs ne se valent pas. Deux catégories sont couramment distinguées[1]. D'une part, les valeurs issues de la culture, partagées au sein de l'entreprise, résultant d'une histoire et transmises dans le temps. Ces valeurs, implicites, structurent le comportement des salariés sans qu'ils s'en rendent compte. D'autre part, les valeurs issues d'un discours qui indiquent la direction dans laquelle la culture doit évoluer. Les premières sont pratiquées par le corps social, les secondes déclarées par la direction générale. Pour qu'une charte ne soit pas perçue comme un gadget, il faut qu'elle contienne un *mix* des deux types de valeurs : les valeurs pratiquées constituent le noyau dur, le socle, ce sur quoi l'entreprise s'appuie et repose ; les valeurs déclarées, sélectionnées au regard de la stratégie de l'entreprise, ouvrent de nouvelles perspectives, éclairent les chemins futurs.

Mais attention ! Les valeurs pratiquées ne sont pas toutes équivalentes. Certaines sont positives, d'autres négatives. À un moment donné, pour diverses raisons, certaines valeurs s'avèrent incohérentes avec le type de performance recherchée par l'entreprise. La valeur « égalité », par exemple, devient négative quand l'entreprise cherche à individualiser les salaires. Les valeurs sont donc des leviers que le management peut actionner pour produire des performances, mais aussi, en même temps, des contraintes avec lesquelles il doit composer. Manager par les valeurs, c'est utiliser les

1. Chris Argyris et Donald Schön, *Organizational Learning : A Theory of Action Perspective*, Addison-Wesley, 1978.

valeurs positives (pratiquées ou déclarées), et, en même temps, neutraliser les valeurs pratiquées négatives pour ne pas en subir les effets contre-productifs.

L'importance de l'alignement

Le management par les valeurs ne peut pas se réduire à l'élaboration d'une charte, même bien ficelée. Celle-ci doit être relayée par des pratiques managériales et organisation-nelles. C'est un processus que Ken Blanchard et Michael O'Connor[1] définissent en trois étapes : clarification, puis communication des valeurs, alignement des comportements quotidiens, enfin. Les deux auteurs attirent notre attention sur l'importance du dernier point, au carrefour de pratiques individuelles et collectives.

> Une entreprise de technologie dans le domaine des services affiche son ambition dans un projet : l'Ambition ! Celui-ci est charpenté par quatre valeurs, les quatre S : Simplicité, Syner-gie, Solidarité et Succès. Pour devenir effectives, ces valeurs doivent pénétrer les projets et déboucher sur des actions con-crètes, pas seulement rester au niveau des déclarations d'inten-tion. Pour cela, l'Ambition est partagée au cours de réunions d'une demi-journée animées en cascade par les managers le long de la ligne hiérarchique. Mais le déploiement ne s'arrête pas là. Après cette première phase de « catéchisme », comme la qualifient volontiers certains, l'entreprise se lance dans un vaste chantier de mise en œuvre. Sur la base d'une méthodo-logie formalisée dans un *roadbook*, chaque manager est invité à réfléchir avec son équipe à la manière de faire vivre au quoti-dien les valeurs de l'Ambition. Il s'agit de mettre plus de Sim-plicité, Synergie et Solidarité dans les pratiques pour obtenir plus de Succès. Ces pratiques touchent à la fois l'organisation, les méthodes de travail, les circuits d'information, les manières

---

1. Ken Blanchard et Michael O'Connor, *Managing By Values. How to Put Your Values into Action for Extraordinary Results*, Berrett-Koehler Publishers, 1997.

de se former… Bref, tout ce qui permet de réaliser les missions. Chaque équipe travaille sur les quatre S, simultanément
ou chronologiquement. La mise en œuvre des réalisations est
locale. Parallèlement, un *reporting* est organisé *via* l'Intranet.
L'équipe projet centrale synthétise les résultats, identifie les
meilleures pratiques, puis organise des présentations au
comité de direction ; une manière de célébrer les succès et,
donc, de boucler la boucle.

L'alignement des comportements peut prendre différentes
formes : globale et organisationnelle ou encore locale et
managériale.

Le directeur du département formation d'une grande entreprise de l'électronique doit, avec ses collaborateurs, relever
un défi important imposé par la direction générale : délivrer
des formations à l'ensemble des salariés de l'entreprise, et,
en plus, en vendre à l'extérieur. Le département devient une
Business Unit à part entière avec un compte d'exploitation
propre. La formation s'impose comme relais de rentabilité.

D'emblée, le directeur du département est convaincu que la
réussite du projet passe par la capacité de ses collaborateurs
à adopter des comportements en rupture avec les anciens. Il
est également persuadé de la nécessité d'une forte cohésion
au sein de son équipe. Selon ses termes, « il va falloir se serrer
les coudes ; on est tous dans le même bateau ». Il organise un
séminaire de deux jours avec son équipe.

Ensemble, ils déterminent les valeurs sous-jacentes au type de
performance recherchée : la rentabilité, le client, l'entreprena-
riat, l'ouverture sur l'extérieur, la solidarité, le droit à l'échec, le
respect des différences sont les sept valeurs retenues. Chacune d'elles est ensuite déclinée en normes de comportement. Ces dernières constituent l'ossature d'une grille d'auto-
évaluation utilisée lors de réunions hebdomadaires. Tous les
membres de l'équipe évaluent cette dernière au regard des
normes de comportement figurant dans la grille.

Le directeur du département souhaite favoriser le débat
autour des valeurs. Il encourage la confrontation à chaque fois
qu'une situation est incohérente avec l'une d'elles. Une règle,

cependant ! Les propos mettant directement en cause Pierre, Paul ou Jacques sont systématiquement écartés. Pendant ces réunions, on parle de l'équipe et de son mode de fonctionnement, pas des individus.

Performance des managers : les valeurs comptent aussi

Le management par les valeurs peut concerner l'ensemble des salariés d'une entreprise ou seulement une partie d'entre eux. Une catégorie particulière, comme celle des managers par exemple. Un nombre croissant d'entreprises considère la qualité du management comme une source d'avantage concurrentiel. Pour devancer ses concurrents, il ne suffit plus de produire mieux et plus vite qu'eux, de se positionner plus judicieusement sur les marchés. Il faut aussi tirer un meilleur parti de ses propres ressources, humaines notamment. C'est le but des directions fonctionnelles, de la direction des ressources humaines en particulier, mais aussi, et surtout, des managers. Du coup, le développement managérial, la professionnalisation des managers ne sont plus des dépenses mais des investissements. C'est dans cette optique que les entreprises convaincues élaborent une charte de management. Y figurent valeurs et normes de comportement conduisant les managers à la performance. Au passage, cela modifie substantiellement la manière dont ils sont évalués. En effet, longtemps, dans la logique du MPO leur performance était assimilée uniquement à celle de l'unité sous leur responsabilité ; elle était exclusivement mesurée en termes de résultats obtenus. Aujourd'hui, la fin ne justifie plus les moyens. Leurs comportements comptent autant que leurs résultats ; en conséquence, leurs performances sont mesurées aussi au regard des normes déclinées à partir des valeurs formalisées dans la charte de management.

Une grande entreprise industrielle élabore une charte de management dans laquelle figurent les valeurs suivantes : le client, la rentabilité, la qualité, l'esprit d'équipe et l'éthique. Chaque valeur est déclinée en normes de comportement managérial. Pour la valeur « client » par exemple, il est stipulé que chaque manager doit « donner la priorité aux contacts avec les clients dans la gestion de son temps ; tenir les clients à l'écart des problèmes internes ; introduire la mesure de la satisfaction des clients dans les objectifs de ses collaborateurs… » Au moment de l'entretien annuel, chaque manager, en concertation avec son responsable hiérarchique direct, choisit une valeur sur laquelle il doit progresser. Le progrès à réaliser est alors traduit en actions assorties d'indicateurs permettant une évaluation en fin d'année.

Le management par les valeurs se démocratise

Nombre d'entreprises sont si fortement centrées sur la création de valeur économique, tellement ancrées sur le court terme, qu'elles en oublient parfois leurs valeurs. Elles ne parlent plus de leur utilité. Quand elles le font, cela paraît surfait ou suspect. Elles n'ont plus de projets « porteurs de sens » et n'apportent plus de réponse claire à la question que se pose chaque matin chacun de leurs salariés : « Pourquoi j'irais travailler ? »[1] On ne donne pas du sens avec un cours de Bourse ou un compte de résultats. Quand les dirigeants ne peuvent plus donner la signification, c'est vers leur manager que les salariés se tournent. À défaut de travailler pour son entreprise, on travaille pour son chef. Dans les enquêtes de climat social, les salariés expriment de plus en plus qu'il vaut mieux un bon manager qu'une bonne entreprise. En outre, les salariés aspirent à être davantage

---

1. Éric Albert, Franck Bournois, Jérôme Duval-Hamel, Jacques Rojot, Sylvie Roussillon et Renaud Sainsaulieu, *Pourquoi j'irais travailler ?* Éditions d'Organisation, 2003.

pris en considération comme des personnes avec des attentes et des besoins propres. C'est l'une des grandes évolutions sociologiques des dernières décennies.

Parce que leur discours utilitaire n'est pas personnalisable, les dirigeants ne peuvent plus être les seuls à donner le sens. Le rôle des managers consiste à personnaliser le projet de l'entreprise de manière à permettre à leurs collaborateurs de répondre à la question : « Qu'est-ce que cela veut dire pour moi ? » Si le problème du sens ne peut plus seulement être réglé par la direction de manière collective, c'est aussi parce que, dans un monde plus individualiste, ce qui fait sens pour les uns ne le fait pas forcément pour les autres. Ainsi, le management par les valeurs se démocratise. Chaque manager, quel que soit son niveau hiérarchique, doit contribuer à donner du sens, de la signification au travail et au projet d'entreprise.

Management par les valeurs et MPO ne font pas toujours très bon ménage

Valeurs et objectifs ne sont pas incompatibles. Mais, dans les univers où la culture d'entreprise est très prégnante, où l'on actionne facilement les valeurs pour obtenir de l'engagement, le MPO, plus favorable à la négociation qu'à l'adhésion, risque d'être rejeté.

> Les salariés de cette entreprise de cosmétique y entrent comme en religion. Ils intègrent une communauté à laquelle ils sont fiers d'appartenir, à laquelle ils donnent sans compter avec générosité, loyauté. Les opportunités de parcours professionnel dépendent de l'investissement fourni. Rien n'est prédéterminé, chacun est acteur de sa carrière. L'entreprise recrute des collaborateurs autonomes, capables de décoder l'environnement et de s'adapter en permanence. Les managers sont là pour les guider et les encourager, pas pour leur dire comment se comporter. La régulation du système est confiée à la culture et aux valeurs, plus qu'aux structures et

processus. Il n'y a ni organigramme, ni plans d'actions, ni entretiens annuels ou comptes rendus de réunion. Chacun sait ce qu'il a à faire et s'y tient. Le système est fondé sur l'engagement, pas sur la contractualisation. Plusieurs tentatives d'implantation d'un MPO ont échoué. Ce n'est pas un hasard. La culture réfute de telles pratiques, jugées trop calculatrices.

Chapitre 6

Le management
par les compétences

Le management par les compétences est un autre modèle. Peu courant, il se pratique en général dans des secteurs où la performance dépend avant tout d'expertises techniques individuelles nécessitant d'être conjuguées. Pour qu'une grande école de management se lance sur le marché des MBA par exemple, avoir les meilleurs professeurs ne suffit pas. Il faut en plus les faire travailler ensemble pour concevoir une formule pertinente, attractive, compétitive et habilitée au niveau international. Dans les activités « de matière grise », la performance n'est ni normalisable ni prescriptible. Les compétences sont le principal levier de management.

Vous avez dit compétence ?

Les définitions sont si nombreuses qu'on finit par s'y perdre. Le triptyque savoir, savoir-faire et savoir-être est courant. Guy Le Boterf[1] la définit, lui, comme une capacité à agir, à prendre une décision, à résoudre un problème... Il distingue ainsi la compétence des ressources mobilisées lors de

---

1. Guy Le Boterf, *De la compétence. Essai sur un attracteur étrange*, Éditions d'Organisation, 1994.

sa mise en œuvre. Les savoirs, savoir-faire et savoir-être sont alors plutôt des ressources que des compétences à proprement parler. La compétence, c'est une capacité à mobiliser une combinaison spécifique de ressources pour agir de manière particulière dans un contexte donné. Par exemple, pour être capable de remettre en route une installation industrielle (la compétence) le plus rapidement possible (le contexte), un opérateur doit connaître le mode opératoire (savoir), interpréter les paramètres (savoir-faire) et être rigoureux (savoir-être). Loin de compliquer les choses, la distinction entre compétence et ressources permet de bien spécifier la contextualisation de la compétence, de préciser qu'il ne suffit pas de posséder des connaissances, fussent-elles pratiques, pour être compétent. Une personne peut être compétente pour faire quelque chose dans un contexte particulier et ne pas l'être dans un autre. La compétence résulte d'un apprentissage en situation qui concerne autant la combinaison que l'acquisition de ressources.

Management par les compétences n'est pas gestion des compétences

Si la notion de compétence fait beaucoup parler d'elle, le management par les compétences, tel qu'entendu ici, est beaucoup moins courant. Il ne doit pas être confondu avec la gestion des compétences, en vogue depuis une vingtaine d'années dans les services de GRH. Qu'elle soit prévisionnelle ou pas, la gestion des compétences vise à réduire un écart entre les compétences requises par les postes de travail et les compétences possédées par leurs titulaires. Les compétences requises sont déduites de la formalisation des résultats attendus et de la prescription des comportements à adopter pour les atteindre. C'est donc bien plus une déclinaison particulière du management par les règles qu'une variante du management par les compétences.

Le management par les compétences n'est pas centré sur les compétences requises par les postes de travail, mais sur les compétences possédées par les individus. Les deux logiques sont diamétralement opposées. Les collaborateurs et leurs compétences sont le point de départ, pas l'aboutissement. Dans un univers incertain, les résultats et les comportements n'étant pas formalisables, personne ne peut en déduire les compétences requises. Seules les compétences possédées sont connues ; le management par les compétences cherche à les valoriser. Ici, le verbe *valoriser* n'est pas employé dans le sens de « donner la valeur », mais d'« augmenter la valeur ». Seules les ressources humaines sont susceptibles d'être développées. Les ressources financières ou techniques peuvent être plus ou moins bien utilisées, mais ne donneront jamais un résultat supérieur à leur somme.

S'intéresser autant à ce qui peut être qu'à ce qui est

Quand un responsable hiérarchique manage par les compétences, il répond aux questions suivantes : « Quelles sont les compétences possédées par mes collaborateurs ? À partir de ces compétences, quels résultats peuvent-ils atteindre ? Comment combiner leurs compétences pour produire une performance collective qu'aucun d'eux ne pourrait obtenir seul ? » Valoriser des compétences, c'est les identifier, les développer et les combiner les unes aux autres. C'est les mettre en réseau, organiser des synergies entre elles de manière à créer de la valeur ajoutée, impossible à obtenir autrement. L'allocation des compétences résulte d'un arbitrage entre des combinaisons multiples et éphémères. Un même individu peut être impliqué dans plusieurs combinaisons simultanément, sous la forme de projets par exemple, avec chaque fois des responsabilités différentes. Le rôle du manager consiste à identifier des opportunités de développement, à les faire émerger puis à les concrétiser, en constituant les combinaisons de compétences idoines.

Le manager par les compétences est d'abord un *coach*, pour reprendre une terminologie à la mode. Le *coach* de ses collaborateurs, mais aussi d'une équipe. En effet, manager par les compétences, c'est aussi, et peut-être surtout, animer une équipe, au sens de lui donner une âme. Une équipe ne se réduit pas aux individus qui la composent. Ce n'est pas une collection d'individus. L'animation a pour fonction de transformer une addition d'individus en un groupe vivant et vivable, de convertir des compétences individuelles en performance collective. Les compétences sont des unités de base entre lesquelles existent de multiples combinaisons. L'équipe n'est pas composée dans l'optique d'aboutir à la combinaison optimale, celle qui permettra d'atteindre les objectifs prédéterminés comme dans le MPO. Ici, le manager se met en quête de combinaisons inédites en se focalisant autant sur le potentiel d'utilisation future de chaque compétence que sur l'ampleur de leur utilisation actuelle[1]. Manager par les compétences, c'est s'intéresser autant à ce qui peut être qu'à ce qui est. La référence qui permet de mesurer la performance n'est plus la règle, l'objectif ou la norme de comportement, mais la combinaison de compétences ciblées pour atteindre un but.

Une autre conception de la stratégie d'entreprise

Longtemps, la stratégie s'est réduite au choix du positionnement des produits sur des marchés clairement identifiés. Au sein d'une même entreprise, il y a ainsi autant de stratégies que de segments produits-marchés homogènes, les fameuses SBUs (*Strategic Business Units*). La stratégie globale est alors exclusivement financière. Elle concerne l'allocation des ressources entre les unités en fonction de leurs enjeux stratégiques respectifs.

---

1. Les traductions organisationnelles de ces évolutions managériales sont très bien analysées par Michel Crémadez, *Organisations et stratégie*, Dunod, 2004.

Depuis le début des années 1990 et les travaux de CK Prahalad et Gary Hamel[1], la stratégie d'entreprise peut être appréhendée autrement : comme la valorisation de compétences clés, souvent transversales à plusieurs unités. Qu'est-ce qu'une compétence clé ? Si l'entreprise était un arbre, les produits seraient les feuilles, les unités les branches, et les compétences clés les racines. Ce sont elles qui alimentent et nourrissent l'ensemble. Une compétence clé présente trois caractéristiques : elle permet d'accéder à une grande variété de marchés, apporte une forte valeur ajoutée aux clients et est difficilement imitable par les concurrents.

Dans le raisonnement stratégique traditionnel, les compétences à développer résultent du positionnement désiré sur les marchés. Ici, c'est l'inverse : les compétences clés sont le point de départ et le moteur du développement des futures activités de l'entreprise et, donc, de sa stratégie.

Un modèle de management particulièrement adapté au monde de la recherche

La recherche est un domaine qui souffre d'un manque cuisant de management. Les managers sont fréquemment adeptes du laisser-faire. Ils sont en position de management, de responsabilité hiérarchique, mais ne managent pas vraiment. Ne leur jetons pas la pierre trop rapidement. Leur comportement s'explique moins par leurs dispositions personnelles que par la situation dans laquelle ils se trouvent : les leviers dont ils disposent sont insuffisants ou pas adaptés. Quand on cherche, il est difficile de savoir *a priori* ce qu'on va trouver, en particulier s'il s'agit de recherche fondamentale. « Qu'allez-vous trouver ? », demande à un chercheur un directeur administratif peu au fait des problé-

---

1. CK Prahalad et Gary Hamel, "The Core Competence of the Corporation", in *Harvard Business Review*, May-June 1990.

matiques de la recherche. « Si je le savais, j'arrêterais de chercher », répond ironiquement le chercheur. Dans le domaine de la recherche, les résultats à atteindre sont peu formalisables au-delà de l'énoncé de quelques grandes lignes directrices ; les comportements peu prescriptibles en dehors des quelques protocoles de recherche. Donc, à la tête d'une équipe de chercheurs, un responsable hiérarchique manage par les compétences ou ne manage pas du tout. En particulier, il cherche à créer des collectifs de travail en combinant des compétences qui ne l'avaient pas été jusque-là, dans la mesure où c'est au carrefour des « sentiers battus » que se nichent nouveautés et innovations.

> Cette unité de recherche du CNRS dans le domaine des sciences de la vie compte aujourd'hui une cinquantaine de personnes. Créée en 1997, elle connaît une forte croissance et est considérée comme particulièrement performante. Son directeur est, lui, reconnu pour sa capacité à manager des chercheurs, en particulier. Son unité est composée de trois équipes distinctes centrées sur des domaines de recherche connexes. L'unité est évaluée tous les quatre ans sur la base des publications : leur nombre, mais aussi le rang des revues scientifiques dans lesquelles elles sont parues.
>
> Le projet quadri annuel de l'unité est élaboré de manière participative. Le directeur définit le cadre, donne le « la », puis chacun des chefs d'équipe propose des projets de recherche. Certains sont propres à leur équipe, d'autres transversaux à l'unité. L'ensemble, discuté, travaillé, négocié, puis amendé de manière collective, donne lieu à la rédaction d'un document d'une centaine de pages précisant le plan de travail de l'unité. Les équipes sont composées, puis recomposées au gré des projets. Le travail de groupe est un passage obligé, une nécessité. Les projets de recherche, de par leur complexité, exigent compétences et énergie qu'aucun chercheur ne peut posséder à lui seul. Les projets transversaux permettent de constituer des équipes multidisciplinaires, de bâtir des combinaisons de compétences originales pour sortir des « sentiers battus » et, ce faisant, déboucher sur des innovations et pas seulement sur la nième variante de la même expérience.

Par ailleurs, le directeur insiste sur la circulation et la transparence de l'information au sein de l'unité, sur le décloisonnement des équipes et la mobilité des compétences. Pourquoi ? De son point de vue, les chercheurs sont surqualifiés, sous-payés et curieux. Leur motivation n'est pas l'argent (sans quoi ils feraient autre chose), la carrière (très peu deviennent directeur), mais le fait de comprendre « comment ça marche ». Le problème fondamental du chercheur sur le long terme ? S'enfermer dans un domaine, ne plus en sortir, « creuser son sillon » de plus en plus profondément et s'apercevoir un jour qu'il est prisonnier d'une problématique de recherche devenue stérile. Il faut donc lui donner la possibilité de respirer, se renouveler, se régénérer en entretenant sa curiosité.

Deux conditions sont nécessaires en plus de la circulation des compétences et de la transparence de l'information. La première concerne le risque. Le chercheur doit pouvoir se tromper, ne pas aboutir. Toute la journée, il se pose des questions auxquelles il n'a pas de réponse et, compte tenu de l'état des connaissances, n'est pas près d'en avoir. Dans ce contexte, sans risque, pas d'avancée significative. Avoir le droit de se tromper, d'emprunter des « voies de garage »… tout cela est possible quand, bien évidemment, la pression budgétaire n'est pas trop pesante.

La seconde condition est liée au flou. L'unité doit être « mal » organisée ; dans tous les cas, organisée de manière sous-optimale. Il doit rester du flou, de la désorganisation, pour permettre aux chercheurs de se rencontrer au gré des opportunités, par définition imprévues puisque pas prévisibles. Une trop « bonne » organisation, trop efficiente, diminue le potentiel d'innovation.

Dans tout cela, le directeur est à la fois un chef d'orchestre, un aiguilleur et un mécanicien qui met de l'huile dans les rouages de la machine pour qu'elle fonctionne. Selon ses propos, c'est plus un « attracteur étrange » qu'un véritable leader, sachant que, en matière de recherche, une direction trop précise est plus contre-productive qu'autre chose.

Il y a dans le management de la recherche, et plus largement dans le management par les compétences, un côté flou, mal organisé… bref, une grande part d'informel à laquelle il convient de « laisser vivre sa vie », parfois en dehors de toute hiérarchie.

> « Dans un monde de la recherche qui se caractérise de plus en plus par une combinaison à l'infini des différentes disciplines, la gestion des connaissances passe donc de plus en plus par la constitution d'équipes. Qu'elle soit organisée sous forme d'équipes de projet internes dans les grands groupes ou de partenariats commerciaux dans les start-up, seule cette confrontation d'idées permet d'éviter la sclérose et de se maintenir au plus haut niveau. Mais cette capitalisation des savoirs prend aussi parfois la forme de réseaux spontanés de chercheurs spécialistes d'un thème donné. "Ces communautés de pratiques fonctionnent, par exemple, sur l'envie de démêler un problème commun, mais en marge de l'organisation hiérarchique et de tout reporting, observe Paul-Joël Derian, vice-président chargé de la recherche à Rhodia. À charge pour le management de les laisser vivre et de ne surtout pas s'en mêler. De toute façon, il lui serait impossible de les créer de toutes pièces sans que cela s'apparente à de véritables usines à gaz", explique-t-il. »[1]

Libérer l'énergie créatrice et développer l'employabilité

L'innovation n'est pas le seul enjeu du management par les compétences. Libérer une énergie créatrice pour rompre la monotonie en est un autre. C'est le cas d'un certain nombre de métiers où les titulaires doivent faire preuve de créativité dans le cadre d'une activité répétitive. Les journalistes, par exemple. Plus le rédacteur en chef leur permet de valoriser

---

1. Valérie Devillechabrolle, « La matière grise est rentrée dans le rang », in *Liaisons Sociales Magazine*, novembre 2005.

leurs compétences, moins il y a de chances qu'ils se lassent. Pour ce faire, au fur et à mesure des échéances (journalière, hebdomadaire ou mensuelle, selon les cas), il trouve un juste équilibre entre attentes des lecteurs et désirs des journalistes. Équilibre précaire et évolutif dans le temps, qui nécessite donc de remettre régulièrement l'ouvrage sur le métier.

Un autre enjeu du management par les compétences consiste à valoriser les compétences des salariés, de tout ou partie d'une entreprise, pour leur permettre de développer leur employabilité et fluidifier le marché du travail interne.

> Bon nombre des salariés d'un producteur de champagne sont enfermés dans une « prison dorée ». Ils ne peuvent plus quitter l'entreprise. Pour des raisons historiques, la direction générale a souhaité faire de l'entreprise une vitrine sociale. Et elle a réussi ! Par rapport au marché local, ses salariés sont très bien payés. Par ailleurs, le métier des producteurs de champagne est resté très traditionnel. Les *process* sont peu automatisés, voire pas mécanisés du tout. Par exemple, dans les caves, les bouteilles sont encore « remuées » à la main. Compte tenu des évolutions technologiques, les qualifications ont peu évolué par rapport à celles des industries voisines. Résultat, des salariés trop payés et pas assez qualifiés pour pouvoir quitter l'entreprise. Sur la base de ce constat, la direction des ressources humaines lance un vaste chantier de management par les compétences, visant à développer l'employabilité de chacun des salariés de l'entreprise. En deux ans, les dépenses de formation sont multipliées par cinq. Les besoins identifiés sont moins liés à la tenue de poste qu'à la valorisation des compétences personnelles permettant au salarié de ré-envisager une évolution professionnelle au sein ou en dehors de l'entreprise.

Management par les compétences et MPO ne font pas non plus toujours très bon ménage

Dans les univers où l'on manage principalement par les compétences, le MPO n'a en général pas très bonne presse.

On peut quand même fixer des objectifs, ne serait-ce que parce que le support d'entretien le prévoit. Mais ces objectifs sont rarement déclinés à partir de la stratégie de l'entreprise, comme le préconise la doctrine du MPO. Ils sont centrés sur un projet à réaliser, un aspect particulier de développement professionnel ou personnel, l'entretien d'un réseau relationnel... Ces objectifs sont peu suivis par le manager et, parfois même, oubliés en cours de route. L'évaluation est alors arbitraire. D'ailleurs, rien n'est fait pour qu'elle ne le soit pas. « On s'arrange », entend-on souvent. Les objectifs ne sont pas là pour être atteints. Ils précisent un but, impulsent une dynamique. L'important, c'est d'avoir initié des progrès à travers un dialogue ; d'avoir valorisé des compétences, pas de mesurer une performance. L'objectif existe, mais le levier d'action reste la compétence.

D'abord un problème de pouvoir

Pourquoi le management par les compétences n'est-il pas plus courant ? Il n'est pas toujours bien accepté par les managers. La compétence permet à celui qui la possède de contrôler ce que les sociologues des organisations appellent une zone d'incertitude, synonyme de pouvoir[1]. Tel Janus, le visage de la compétence possède deux faces : adaptation, initiative et inventivité, d'un côté ; pouvoir, de l'autre.

---

1. Une zone d'incertitude, c'est une des zones qui n'est pas précisément définie et délimitée au sein de l'entreprise. Dans toute organisation, aussi formalisée soit-elle, il reste toujours des terres inconnues. Celui qui maîtrise, même partiellement, une zone d'incertitude, importante pour le fonctionnement de l'entreprise, est en quelque sorte irremplaçable. Il réussit alors à créer une dépendance des autres à son égard. Face cachée des sources formelles de pouvoir, les zones d'incertitude prennent souvent appui sur des informations « non officielles », celles qui ne passent pas par les canaux traditionnels, ou des compétences « implicites » dont les titulaires refusent toute formalisation, celles qui ne figurent donc pas dans les référentiels, celles qu'on acquiert par la pratique, pas en formation. Michel Crozier et Erhard Friedberg, *L'acteur et le système*, Le Seuil, 1977.

Un jeune arrive au sein du service comptable d'une grande entreprise industrielle. Au départ, il est quasiment substituable. La preuve, le responsable du service a hésité longuement entre plusieurs candidats de valeur équivalente au moment de son recrutement. D'emblée, le jeune accepte beaucoup de son supérieur. Son pouvoir est faible. Le plus souvent, il se plie en quatre pour satisfaire ses attentes.

Au fur et à mesure du développement de ses compétences, de sa professionnalisation, il devient de moins en moins substituable. Ses compétences lui permettent d'apporter des réponses à des problèmes comptables complexes que, dans certains cas, il est seul à pouvoir résoudre. Il est, par exemple, seul à maîtriser dans le détail l'application d'enregistrement des factures du nouveau logiciel sur lequel le responsable du service n'a pas encore eu le temps de se former. Quant à lui, il l'a tellement utilisé qu'il connaît tous les cas particuliers. Pour gagner du temps, il a même fait quelques développements spécifiques que personne d'autre ne comprend. Son responsable hiérarchique a de plus en plus besoin de lui pour faire tourner le service au quotidien.

Parallèlement, il accepte de moins en moins de choses de sa part et devient de plus en plus exigeant sur les contreparties à sa contribution. Son pouvoir grandit et la relation de dépendance à l'égard du responsable du service devient une véritable relation d'interdépendance. Pour finir, malgré des souhaits répétés de mobilité de sa part, le responsable du service fait tout pour le retenir et l'empêcher de changer de poste. Il s'est rendu indispensable à ses yeux. Au fil du temps, le pouvoir lié à sa compétence accroît sa capacité de négociation au sein du poste.

Manager par les compétences exige une attitude différente de la part du manager face à la question du pouvoir. Il ne peut plus nier le pouvoir de ses collaborateurs et chercher à les en déposséder par tous les moyens possibles et imaginables. Son management passe moins par la limitation des degrés de liberté que par la capacité à exploiter la dynamique qui en résulte. Le manager ne craint pas d'accroître le pouvoir de ses collaborateurs en développant et en utilisant leurs compétences. Ces développements doivent lui permettre de produire des performances qu'il n'obtiendrait pas autrement, performances reconnues et valorisées par sa propre hiérarchie. La relation de pouvoir s'inscrit alors non pas dans un jeu à somme nulle (ce que l'un gagne, l'autre le perd), mais dans un jeu à somme non nulle (*in fine*, les deux parties sont gagnantes). Sinon, il résistera, voire s'opposera, au management par les compétences, estimant que le développement des compétences de ses collaborateurs se traduit pour lui par une perte de pouvoir non compensée par un gain de performance suffisant.

Pour cette question de pouvoir, au moins, le management par les compétences constitue un véritable changement de paradigme. Une rupture au moins aussi importante que celle qui existe entre le management par les règles et le MPO. Que les mieux intentionnées des entreprises ou institutions tentées par l'aventure aient tant de mal à concilier théorie et pratique révèle un genre de résistance dont on ne vient pas à bout par de simples discours. Ainsi, il n'est pas anodin que le management soit si peu présent dans le monde de la recherche où souvent, seul, le management par les compétences est envisageable. Il faudra encore du temps et une évolution importante des mentalités pour qu'il se répande.

Chapitre 7

De la contingence des modèles aux pratiques des managers

Dans les chapitres précédents, nous avons évoqué quatre modèles : le management par les règles, par les objectifs, par les valeurs ou par les compétences. Cette typologie n'a pas prétention à l'exhaustivité, d'autant que management par les valeurs et par les compétences sont en construction. Les dispositifs qui s'en réclament sont encore souvent au stade expérimental. Ces « jeunes pousses » sont donc beaucoup moins stabilisées que le management par les règles ou le MPO.

Il n'y a pas de bons ou de mauvais modèles dans l'absolu

Toute comparaison entre modèles est limitée, voire critiquable. Mais une chose est sûre : malgré les velléités des uns ou des autres à nous faire croire le contraire, aucun n'est universel. Si le modèle idéal existait, cela se saurait : tout le monde aurait le même. Et cela, depuis longtemps !

N'en déplaise à Frederick Taylor et à son *Scientific Management*, le management n'est pas une science, mais un art. Il n'y a pas de *one best way* ; seulement des modèles plus ou moins adaptés aux caractéristiques d'une situation particulière. Dans certaines, le management par les règles est plus pertinent que le MPO. Dans d'autres, c'est le contraire. Dans d'autres, encore, le management par les compétences emporte tous les suffrages. C'est une illustration du fameux principe de la contingence : il n'y a pas de « bons » ou de « mauvais » modèles dans l'absolu.

Comment, à partir de ce que les spécialistes appellent des facteurs de contingence, caractériser les situations pour identifier le modèle le plus adapté à chacune d'elles ? Le degré de prescription des comportements et celui de formalisation des résultats sont deux axes de comparaison qui permettent de caractériser quatre situations types. À chacune d'elles correspond l'un des modèles évoqués précédemment.

**Deux axes de comparaison
caractérisent quatre situations types**

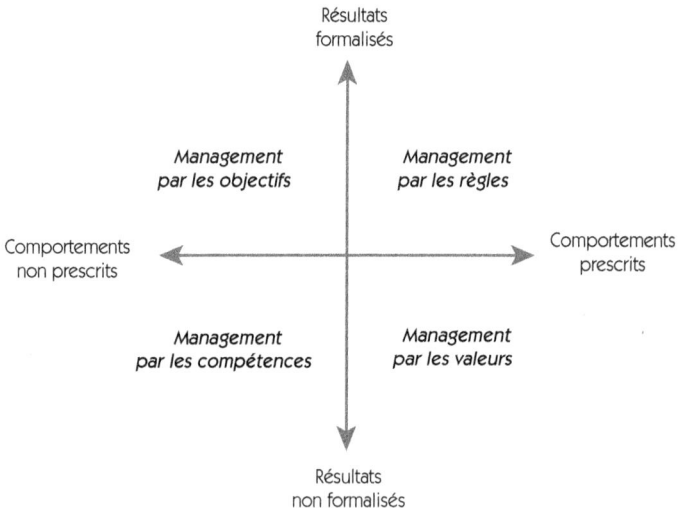

Résultats
formalisés

Management
par les objectifs

Management
par les règles

Comportements
non prescrits

Comportements
prescrits

Management
par les compétences

Management
par les valeurs

Résultats
non formalisés

Le management par les règles nécessite que les résultats et les comportements à adopter pour les atteindre soient formalisés dans des procédures, modes opératoires, instructions de travail… C'est le modèle dans lequel les collaborateurs ont le moins d'autonomie. On leur dit quoi faire, mais aussi comment faire les choses. Manager par les règles signifie manager au moyen des règles, c'est-à-dire utiliser ces dernières pour prescrire les comportements et, en même temps, mesurer la performance. Est performant celui qui fait les choses conformément à la manière dont elles sont prescrites. Les règles sont pensées par un service « fonctionnel » (bureau des méthodes, service qualité…) ; le rôle des managers consiste seulement à contrôler qu'elles sont bien respectées. Le management par les règles se transforme en bureaucratie quand la règle n'est plus un moyen d'atteindre un résultat, de produire une performance donc, mais une fin en soi.

Le MPO, lui, est adapté aux situations où seuls les résultats à atteindre sont précisés. Les manières de faire sont laissées à l'appréciation de celui qui exécute le travail ; que ce soit par choix – c'est plus motivant – ou par nécessité – l'incertitude est trop importante, le manager ne possède pas suffisamment d'informations. Dès que, formellement ou informellement, le « comment faire » est précisé, on quitte le MPO. Le contrôle n'est pas moindre que dans le management par les règles ; simplement, on l'exerce de manière différente. La preuve : c'est avec le MPO que naît le contrôle de gestion.

La formalisation des résultats n'est pas toujours possible – l'incertitude est trop importante – ou souhaitable – la présence d'objectifs bride la créativité, par exemple. Des résultats non formalisés, croisés avec des comportements prescrits ou non, caractérisent deux autres situations types. Le management par les valeurs est le plus adapté à la première : les normes de comportement, déclinées à partir des valeurs, prescrivent les manières de faire sans formaliser les résultats attendus. Dans cette situation, elles constituent les leviers les plus pertinents pour transformer le travail en performance. Est performant celui dont les comportements sont conformes aux normes. Le management par les compétences est le seul envisageable dans la seconde situation : la valorisation des compétences possédées par les collaborateurs, c'est-à-dire leur mobilisation et combinaison, permet d'obtenir des résultats que l'on n'a pas pu ou pas souhaité formaliser sans référence à une quelconque manière de faire les choses. La performance est ici mesurée en comparant compétences acquises et compétences ciblées.

Tableau récapitulatif
des quatre modèles de management

Modèle	Levier actionné	Mesure de la performance
Management par les objectifs	Fixation et déclinaison des objectifs	Résultat obtenu/ Objectif
Management par les règles	Formalisation des comportements dans les règles	Exécution du travail/ Travail prescrit
Management par les valeurs	Normalisation des comportements par les valeurs	Comportement adopté/ Norme de comportement
Management par les compétences	Valorisation des compétences	Compétences acquises/ Compétences ciblées

D'autres facteurs de contingence sont imaginables : degré d'incertitude, de variété et d'instabilité de l'environnement… Le raisonnement est identique : il n'y a pas de bons ou de mauvais modèles dans l'absolu ; cela dépend des situations. Le principe de la contingence détrône les approches universalistes. Un principe simple à énoncer, plus difficile à appliquer quand, pris dans le feu de l'action, les vieux démons du modèle idéal se rappellent à nous.

Des formes de management complémentaires, pas exclusives

Renoncer au modèle idéal, admettre la contingence des formes de management est une avancée certaine, sous réserve de l'incarner et de la concrétiser, évidemment. Dans un ouvrage précédent[1], nous avions mis en exergue un des mystères du management : on en parle d'une manière, on le pratique d'une autre. L'écart entre ce qui devrait se passer et la réalité n'est jamais complètement réductible. Mais quand l'écart devient un fossé, quand formel et informel vivent à côté l'un de l'autre de manière étanche, la performance n'est plus au rendez-vous. Le principe de la contingence ne suffit pas à résoudre le problème. Pour ce faire, il faut changer de logique : plutôt que d'appréhender les modèles de management comme des moyens de modeler les pratiques managériales, pensons-les comme des idéaux types, aurait dit le grand sociologue allemand Max Weber[2], et, donc, utilisons-les d'abord comme des clés de lecture.

Que constate-t-on, alors ? Dans les faits, les pratiques managériales ont toujours été constituées à la fois de règles et de valeurs à faire respecter, d'objectifs à fixer et de résultats à évaluer, de compétences à développer et valoriser. Les managers recourent tous à plusieurs formes de management, simultanément. Celles-ci ne sont donc pas exclusives. Au contraire, elles se complètent, mais s'agencent différemment en fonction du contexte. C'est toujours une combinaison, un *mix* au sens marketing du terme, qu'utilisent les

---

1. Éric Delavallée, *Le manager idéal n'existe pas ! Ce que manager veut dire*, Éditions d'Organisation, 2004.
2. Qu'est-ce qu'un idéal type ? C'est un type pur, qui n'existe pas vraiment dans la réalité, un outil intellectuel simplificateur pour penser une réalité complexe. Il ne faut pas être dupe des simplifications qu'il introduit, mais ne pas non plus négliger l'aide qu'il peut apporter. Il permet en particulier de questionner les cohérences ou incohérences au sein d'un système de management. Max Weber, *Économie et société*, Plon, 1971.

managers face à un double problème de composition et d'agencement. Quand ils ne sont pas contraints de les actionner tous systématiquement, les managers n'ont jamais trop de leviers à leur disposition. En tout état de cause, un seul n'est jamais suffisant. Le management « par » est une construction de l'esprit, un modèle. Dans la réalité, le management est toujours une combinaison.

Aujourd'hui, la combinaison la plus courante, dans les entreprises des secteurs concurrentiels au moins, est constituée de management par les règles et de MPO. Les managers recourent aux missions, activités, tâches... pour obtenir de la performance de leurs collaborateurs dans toute la partie stable et permanente de leur travail. Ils utilisent les objectifs sur la partie évolutive et temporaire où leurs collaborateurs sont mieux placés qu'eux pour savoir comment faire les choses. Le fait qu'on dise d'un responsable hiérarchique qu'il manage plutôt par les règles ou par les objectifs dépend avant tout du degré de prévisibilité du travail de ses collaborateurs.

Combinaison de management selon le degré de prévisibilité du travail

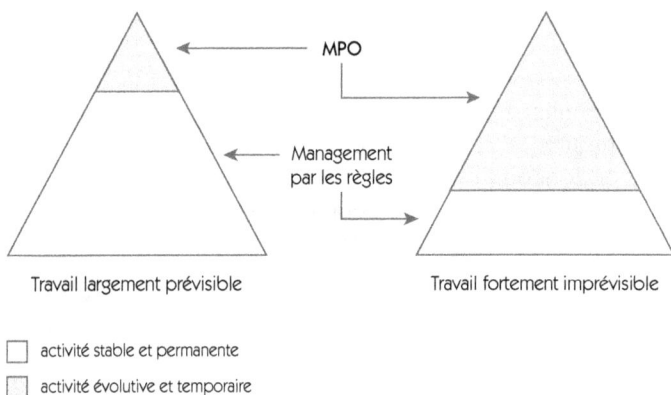

Travail largement prévisible   Travail fortement imprévisible

☐ activité stable et permanente
☐ activité évolutive et temporaire

Quand l'entreprise est dans une logique de moyens, comme certains organismes de la fonction publique par exemple, la combinaison est différente : les responsables hiérarchiques managent d'abord par les valeurs et les compétences. Les objectifs, quand ils existent, ne « comptent » pas vraiment. En revanche, un « bon agent » se comporte de manière conforme aux valeurs du service public. Les managers sont appréciés de leurs collaborateurs – fait de la plus haute importance quand bâtons et carottes n'existent pas – s'ils leur donnent la possibilité de développer et de valoriser leurs compétences par la formation et les délégations.

Les managers panachent toutes les formes de management, dosées différemment selon la situation dans laquelle ils se trouvent, leur propre style… En production, dans les ateliers, les chefs d'équipe managent beaucoup par les règles, un peu moins par les objectifs et les compétences, pas du tout par les valeurs. Avec les vendeurs, les objectifs priment sur tout le reste. Dans les laboratoires du département de R&D, les chefs de projet utilisent d'abord les compétences, éventuellement les valeurs.

> Un groupe de presse de vulgarisation juridique compte plusieurs titres vendus, pour une grande partie, par abonnement. En plus des journaux, les abonnés ont la possibilité de faire appel à une cellule de juristes qui, toute la journée, répondent à leurs problèmes au téléphone. Dans l'une des rédactions, on trouve une charte éditoriale. Le rédacteur en chef manage d'abord par les valeurs. Un peu également par les règles quand la situation s'y prête. Dans une autre, de moindre taille, le rédacteur en chef est plutôt adepte du management par les compétences, de manière à entretenir la créativité des journalistes. Dans le *call center*, la productivité des juristes est suivie de près : en moyenne 23 appels par jour. Le responsable du service, spécialiste des tableaux de bord et d'Excel, manage majoritairement par les objectifs. Au service des abonnements, une dizaine de personnes saisissent toute la journée. Le travail de leur responsable hiérarchique ? Vérifier que les saisies sont conformes aux procédures des différentes formules d'abonnement. Ici, les règles sont au cœur du management.

Conclusion : le principe de la contingence supplante le modèle idéal ; le détour par les pratiques des managers rend les modèles de management complémentaires, pas exclusifs.

Effet de position et de dispositions

Tout comportement, explique le sociologue Raymond Boudon[1], résulte d'un effet de position et de dispositions. En simplifiant, cela veut dire que le comportement d'une personne s'explique à la fois par ses dispositions individuelles (mentales, cognitives, affectives, sociales...) et la situation dans laquelle elle se trouve au moment où elle l'adopte. Une pratique managériale est un comportement. Plusieurs critères caractérisent la position du manager. Le secteur : développement, fabrication, ventes... Mais aussi le niveau de management. Trois sont couramment distingués : le management de proximité, le management intermédiaire et le *top management*. Les managers de proximité utilisent plutôt les règles, les managers intermédiaires les objectifs et les compétences. Quant aux *top managers*, ils ont d'abord recours aux valeurs : c'est l'esprit des travaux sur le leadership, en vogue depuis quelques années déjà[2]. Les combinaisons varient encore selon les stades de développement de l'entreprise, du département, de l'équipe... En phase pionnière, valeurs et compétences emportent les suffrages. À la maturité, les objectifs sont les plus pertinents. Enfin, le déclin ne peut être géré de manière efficace autrement que

---

1. Raymond Boudon, *L'idéologie*, Fayard, 1986.
2. Les leaders donnent le sens : une direction, mais surtout une signification. Ils savent ce qu'il faut faire, contrairement aux managers qui, eux, savent ce qu'ils doivent faire. Warren Bennis et Burt Nanus, *Leaders. Strategies for Taking Charge*, Harper & Row, 1985. Traduction française : *Diriger. Les secrets des meilleurs leaders*, InterÉditions, 1985.

par les règles. Pour ne pas parler du degré d'autonomie des collaborateurs et du célèbre management situationnel de Paul Hersey et Ken Blanchard[1].

Les pratiques, et donc les combinaisons, varient aussi au regard du style du manager. C'est l'effet de dispositions. Le manager directif, celui qui ordonne, sera plus enclin à actionner les règles que les valeurs. Le manager participatif, en revanche, commencera par tirer profit des compétences de ses collaborateurs en exploitant les valeurs.

Les différentes combinaisons selon la fonction

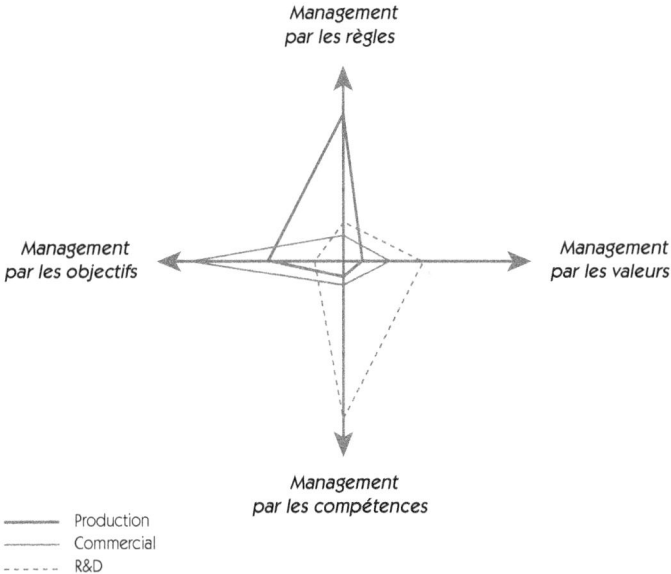

Management
par les règles

Management
par les objectifs

Management
par les valeurs

Management
par les compétences

Production
Commercial
R&D

Enfin, les situations auxquelles les managers sont confrontés évoluent dans le temps, en fonction du cycle de déve-

1.   Paul Hersey et Ken Blanchard, *Management of Organizational Behavior. Utilizing Human Resources*, Prentice Hall, 1969.

loppement de leur équipe, par exemple. Au-delà de leur capacité à élaborer la bonne combinaison selon les caractéristiques de la situation dans laquelle ils se trouvent et leur propre style, une de leurs qualités fondamentales réside dans leur potentiel à en faire évoluer les ingrédients, voire leur propension à en changer.

Conséquences
au niveau du système de management

Nous aurons véritablement avancé quand le système de management sera appréhendé dans une optique constructiviste et pas seulement positiviste[1]. Si les directions fonctionnelles, qui en ont la charge, continuent à le concevoir dans une quête d'idéal (la vérité unique et absolue du positivisme), alors, un système unique, même contingent, s'imposera à tout ou partie des managers. Rien n'aura changé !

Dans une optique constructiviste, au contraire, les directions fonctionnelles s'attachent à concevoir un ou des systèmes « ouverts » où chaque manager peut, en fonction des caractéristiques de sa situation et de son style, construire sa « réalité managériale », c'est-à-dire sa propre combinaison, parfois fort différente de celle de son voisin. Le système est alors co-construit par les directions fonctionnelles, qui déterminent le cadre, et l'ensemble des managers qui, eux,

---

1. Depuis quelques décennies déjà, les débats épistémologiques sont traversés par deux approches très différentes de la connaissance scientifique : le positivisme et le constructivisme. Pour la première, le but de la science est de produire une connaissance sur des objets dotés d'une essence propre, indépendants du discours par lequel ils sont décrits. Une vérité unique et absolue, soumise à des lois éternelles et stables qui en sont la cause, existe : il s'agit de la découvrir. Tel est le but de la science. Pour le constructivisme, au contraire, cette vérité absolue n'existe pas. La connaissance résulte d'une représentation de l'expérience de la réalité construite par celui qui l'analyse et cherche à la comprendre. Il n'y a donc pas de vérité, transcendante et universelle, mais des réalités construites. La science ne découvre pas une vérité ; elle construit des réalités.

à l'intérieur de celui-ci, produisent leur propre dispositif. Il s'agit de partir des pratiques managériales et de leur diversité pour penser les caractéristiques du système de management, et non l'inverse.

Quand on part des réalités, et non d'une soi-disant vérité transcendante, les modèles de management changent de statut. Il ne s'agit plus de chercher à conformer les pratiques aux modèles, mais d'utiliser les seconds pour mieux appréhender les premières, d'une part, les supporter et exprimer leur potentiel, d'autre part. Il n'y a pas les managers d'un côté, le système de management de l'autre. Les managers ne sont pas des « bouche-trous », mais les principales ressources d'un système qui n'existe pas indépendamment d'eux. Il ne s'agit plus de les considérer comme de simples rouages appliquant mécaniquement des prérogatives définies par d'autres. En passant leurs journées à résoudre des problèmes toujours particuliers, jamais complètement prévisibles, ils rendent le système vivant.

Cela amène à considérer un système de management comme une mosaïque de systèmes d'action concrets, au sens de Michel Crozier et Erhard Friedberg[1], un ensemble de relations entre managers et collaborateurs d'abord, entre managers le long de la ligne hiérarchique ensuite, entre opérationnels et fonctionnels, enfin. Le pari n'est pas gagné. Les mentalités doivent encore évoluer. Les systèmes de management, trop souvent réduits à un ensemble de règles et d'instruments, sont réifiés. Les managers sont absents, au mieux, à côté ; leurs compétences, réduites à des savoir-être – *soft skills*, disent les Anglo-Saxons –, sont décontextualisées, la formation instrumentalisée. Un management sans managers ? Un fantasme récurrent dont il faut arriver à se débarrasser définitivement. Pour commencer, il faut impéra-

---

1. Un système d'action concret est la manière dont les acteurs organisent leur système de relations pour résoudre les problèmes qui se posent à eux. Michel Crozier et Erhard Friedberg, *op. cit.*

tivement leur (re)donner voix au chapitre dans l'élaboration du système de management. Trop souvent, ce dernier continue à être conçu exclusivement par ceux qui ne pratiquent pas le management, par ceux qui pensent savoir sans toujours suffisamment écouter ceux qui font[1].

> Un institut d'études met en place un observatoire du management, une dizaine de personnes qui se réunissent régulièrement pour échanger. Lors de la première réunion, l'un des participants s'étonne : « Nous sommes tous issus de la DRH ; personne n'est manager opérationnel. Il serait intéressant d'en avoir au moins un ou deux parmi nous. » Et un autre de répondre : « Les managers ont le nez dans le guidon. Quand on les interroge sur l'évolution du management, ils n'ont jamais rien à dire de bien original. Avec eux, on va perdre notre temps. »

---

1. D'un point de vue théorique aussi, les managers ont disparu du management. En dehors d'Henri Fayol (1918) et de Chester Barnard (1938), les théories managériales ont toutes été élaborées par des consultants ou des enseignants qui, au mieux, observent le management, mais ne le pratiquent pas. Leur point de vue peut être très pertinent. Le problème est qu'ils soient seuls à s'exprimer sur le sujet.

Chapitre 8

Vers un management combinatoire ?

Instabilité et turbulence des environnements, immatérialité du travail, transversalisation des organisations… autant d'évolutions qui compliquent la pratique du MPO. Les managers contournent les problèmes qu'ils rencontrent au quotidien, trouvent des solutions de substitution de manière clandestine. La direction des ressources humaines rend facultative telle ou telle partie de l'entretien annuel. Les formulaires ne sont qu'à moitié remplis. Bref, le MPO fonctionne de manière dégradée. Mais quand le décalage entre sa logique et les pratiques des managers est trop important, les entreprises sont contraintes de prendre le problème à bras-le-corps. En général, que font-elles ?

Une logique additive

Elles ne cherchent pas à le remplacer, mais empilent différentes formes de management les unes sur les autres, le MPO constituant les fondations de l'édifice. Leur logique est moins substitutive qu'additive. Les dispositifs ainsi conçus forment des systèmes hybrides, issus de couches de sédimentation successives ; de véritables « mille-feuilles » difficilement nommables autrement qu'en accolant les sigles les uns aux autres : management par les objectifs et les valeurs

(MPOV), management par les objectifs et les compétences (MPOC)... Ou alors, pour simplifier, elles englobent le tout dans le terme performance, d'où l'appellation « management de la performance », un vrai barbarisme, comme nous l'avons vu précédemment.

Cette entreprise est leader mondial sur des marchés de niche très techniques. Les aléas du développement et de la production sont nombreux. Les produits se périment très vite. L'expertise technique et scientifique, la faculté d'innover et la capacité à mettre rapidement de nouveaux produits sur le marché sont les piliers de la performance. Héritière d'une longue tradition scientifique, l'entreprise a longtemps été en situation de quasi-monopole. Plutôt que d'industrie, il convenait de parler d'artisanat sophistiqué : un monde où la culture dominante était celle des chercheurs. Cependant, face à de nouveaux concurrents, l'entreprise doit aujourd'hui relever des défis plus seulement scientifiques, mais aussi économiques et industriels.

Afin de soutenir ces évolutions, la direction des ressources humaines décide de revoir les modalités du système de management. Le nouveau dispositif dissocie, d'un côté, la maîtrise du poste, le respect des valeurs et le développement des compétences, base de l'augmentation individuelle, et, de l'autre, l'atteinte d'objectifs individuels, étalons de la part variable de la rémunération. Sept valeurs et cinquante compétences sont référencées, avec cinq niveaux de maîtrise pour chacune.

Collaborateur et manager définissent conjointement un plan de développement en fonction des écarts de compétences et des priorités du moment, partie intégrante des résultats attendus pour l'année en cours et, donc, pris en compte en fin de cycle pour l'évaluation, la révision de la rémunération et l'évolution de carrière. Les objectifs individuels traduisent, quant à eux, la déclinaison de la stratégie de l'entreprise au niveau individuel. Leur réalisation est évaluée en fin de cycle et donne lieu à un bonus. Les règles de calcul et d'attribution sont précisées et homogénéisées entre les directions et les sites.

Une performance multidimensionnelle

À chaque modèle de management correspond un levier différent pour transformer le travail en performance et, en même temps, une référence particulière pour mesurer cette dernière. Est performant celui dont les résultats sont à la hauteur des objectifs fixés (MPO), celui dont les comportements sont cohérents avec les règles (management par les règles) ou les normes déclinées de valeurs prédéfinies (management par les valeurs), ou encore celui qui valorise ses compétences au regard de la combinaison ciblée (management par les compétences). Ces approches ont toutes un point commun : la performance est unidimensionnelle. Quelle différence avec les systèmes qui empilent différentes dimensions, réponse des entreprises aux limites du MPO ? La performance est multidimensionnelle. Un collaborateur performant atteint ses objectifs, mais pas n'importe comment, ni à n'importe quel prix : il adopte les « bons » comportements et/ou valorise ses compétences. En matière de performance, on passe du *ou* au *et*. Ici aussi, la logique est additive. Il s'agit d'ailleurs moins d'une conséquence que d'une cause. C'est parce que, compte tenu de l'accroissement de la complexité des contextes d'action, la performance devient multidimensionnelle que, pour la produire et la mesurer, un système à plusieurs dimensions est nécessaire.

> Performance = Résultats + Comportements. Voilà comment une entreprise du secteur pharmaceutique définit la performance attendue de ses salariés. Des résultats, bien sûr, mais aussi des comportements. Pourquoi ? À la suite de diverses turbulences, son cours de Bourse a été divisé par trois. Depuis, elle a mis en place différents programmes visant à renforcer son image d'intégrité. « La plus haute performance dans la plus grande intégrité » : tel est son leitmotiv.
>
> L'un de ces programmes, le management de la performance, comporte deux volets : management par les objectifs, d'une part, management par les valeurs, d'autre part. Les objectifs permettent d'évaluer les résultats obtenus, les comportements

adoptés, la façon de les obtenir, dans le cadre de « règles du jeu » affichées par l'entreprise. Ces deux dimensions interviennent à part égale dans l'évaluation de la performance ; performance prise en considération dans l'attribution des bonus et des augmentations individuelles.

Les sept comportements clés déclinés à partir de la mission de l'entreprise sont : avoir une vision stratégique, assurer la cohérence, communiquer directement, développer la performance, travailler ensemble, dynamiser les équipes et développer les individus. Chaque salarié suit une formation d'une demi-journée, co-animée par un responsable ressources humaines et un manager opérationnel, dont l'objectif est double : présenter et discuter les comportements clés, d'une part, permettre à chaque salarié d'apprécier ses propres comportements au regard de chacun d'eux, d'autre part.

Par ailleurs, l'entreprise élabore des référentiels comportementaux. Pour chaque niveau de responsabilité (membres de comité de direction, managers d'équipe, collaborateurs sans management), les comportements clés sont précisés et contextualisés. Ces référentiels doivent permettre une évaluation « objective ».

Avancée épistémologique ou régression bureaucratique ?

Ces systèmes à plusieurs dimensions peuvent être une véritable avancée épistémologique (passer d'une optique positiviste à une visée constructiviste), à une condition : qu'ils rejoignent les pratiques, c'est-à-dire qu'ils laissent les managers concocter leur propre « cocktail » en fonction des caractéristiques de la situation dans laquelle ils se trouvent et de leur propre style de management. Beaucoup de règles en production, plutôt des objectifs dans le secteur commercial... Des valeurs pour le « haut », des règles et des compétences pour le « bas ». Des compétences et des valeurs en phase pionnière, des objectifs après. Un manager directif tourné plutôt vers les règles, un manager participatif vers les compétences. Pour ce faire, les différentes dimensions du dispositif doivent être pensées comme des possibilités proposées aux managers, pas comme des obligations. En leur offrant l'opportunité de construire la combinaison adaptée à leur situation, le management devient véritablement combinatoire. Il ne s'agit pas de chercher la combinaison idéale pour tout le monde, mais de permettre à chacun d'élaborer la sienne.

En résumé, deux conditions doivent être réunies pour qu'un mode de management soit combinatoire. Que le management soit appréhendé comme une combinaison, d'abord. Il faut alors admettre que la transformation du travail en performance ne résulte pas de l'activation d'un levier unique, mais de plusieurs ; simultanément ou chronologiquement, là n'est pas le problème. Ensuite, il faut que le système de management donne la possibilité à chaque manager, compte tenu de la situation et de son style, de construire localement sa propre combinaison. Le but du management combinatoire n'est pas de trouver la combinaison idéale, mais d'en maximiser le nombre.

Ce changement de « paradigme » exige de parier sur l'autonomie des managers. Et l'autonomie, ici, n'est pas un vain mot. Elle ne se réduit pas au choix des moyens comme dans le MPO. Elle concerne aussi les leviers à actionner et la manière de mesurer la performance recherchée. Forts de cette autonomie, réelle et pas de façade, les managers deviennent les poumons du système de management. En lui permettant de respirer, ils l'empêchent de se fossiliser. Les problèmes résolus par les managers n'étant pas tous prévisibles, le type de performance attendue évoluant au fil du temps…, ils sont les mieux placés pour savoir quelles dimensions de la combinaison utiliser pour produire de la performance dans leur contexte d'action.

Sans cette autonomie, la sédimentation des strates successives du dispositif comporte le risque d'une régression bureaucratique, liée au fait de vouloir appliquer un modèle uniforme à tous les managers, de vouloir faire entrer tout le monde dans le même « carcan » managérial. Les « mille-feuilles » sont riches. Parfois trop ! Les managers « croulent » sous le poids d'une instrumentation excessive. Résultat : la relation managériale se bureaucratise et l'on aboutit à l'opposé de l'effet recherché. Remplir les différents formulaires prend du temps et finit par avoir plus d'importance que la relation managériale elle-même. Le mieux est l'ennemi du bien. On connaît l'inconvénient des systèmes « couteau suisse » en quête de plusieurs objectifs simultanés, parfois contradictoires entre eux. Ce qui est le cas des différents modèles de management. Ils sont complémentaires, mais aussi antagonistes, notamment parce qu'ils ne s'inscrivent pas tous dans le même référent temporel. Par exemple, compte tenu de l'accélération du temps évoqué précédemment, le MPO tire la relation managériale vers le court terme, voire le très court terme. Au contraire, la sophistication des technologies, la complexification des situations de travail… inscrivent le management par les compétences dans un horizon de temps beaucoup plus long.

Une question d'équilibre

On objectera à juste titre que, pour des raisons de faisabilité et surtout d'équité, il ne peut y avoir, au sein de la même entreprise, autant de systèmes de management que de managers. En même temps, il faut éviter le risque d'une uniformisation abusive. C'est une question d'équilibre entre le standard et le spécifique. On peut réutiliser ici les principes de différenciation et d'intégration élaborés par Paul Lawrence et Jay Lorsch à propos des structures organisationnelles[1]. Les différentes formes de management mises à disposition des managers par les systèmes combinatoires offrent des possibilités de différenciation. Il faut alors définir un certain nombre de principes communs, limitant l'autonomie et l'initiative des managers, mais garantissant cohérence et équité au sein de l'entreprise. L'intégration doit contrebalancer la différenciation, sans que la standardisation ne bride les managers, les empêche de respirer, au point de les étouffer.

C'est, comme nous le verrons dans le chapitre suivant, l'un des principaux facteurs clés de succès d'un véritable management combinatoire. Il ne s'agit plus d'appréhender le système de management seulement comme un facteur d'intégration organisationnelle, mais de penser la différenciation et l'intégration du système de management, lui-même. Ce que nous pourrions nommer la différenciation et l'intégration managériale, par différence avec la différenciation et l'intégration organisationnelle.

---

1. Pour permettre une adaptation à des sous-environnements spécifiques, il faut différencier une structure en unités particulières (directions, départements, services…). Pour que, malgré tout, chaque unité soit guidée vers un but commun, il faut mettre en place des mécanismes d'intégration spécifiques (rattachement hiérarchique, comités, procédures…) contrebalançant la différenciation. En conséquence, plus la différenciation est forte, plus l'intégration doit l'être. Paul Lawrence et Jay Lorsch, *Organization and Environment*, Harvard University Press, 1967. Traduction française : *Adapter les structures de l'entreprise*, Éditions d'Organisation, 1989.

PARTIE 3

QUESTIONS DE MISE EN ŒUVRE

Cette dernière partie, en rupture avec les deux premières, est consacrée au comment, pas au pourquoi. D'abord, nous présentons les facteurs clés de succès du management combinatoire. Ensuite, nous abordons les questions, incontournables dans une telle entreprise, de la rémunération des performances et du changement managérial.

Chapitre 9

Les facteurs clés de succès

Trois facteurs de succès sont essentiels lors de la mise en place d'un système de management combinatoire : l'équité du dispositif ; la répartition des rôles entre les opérationnels et les fonctionnels ; la démarche de conception et de déploiement.

Équité entre contributions et rétributions

Par souci d'équité et d'acceptabilité sociale, dans un système de management combinatoire, l'intégration doit contrebalancer la différenciation. À cet égard, deux situations peuvent être distinguées.

Dans le cas d'un groupe homogène de collaborateurs, c'est-à-dire un ensemble de personnes dont la contribution est comparable, il est inimaginable que la combinaison mise à la disposition des managers diffère. Quand les contributions sont de même nature, la manière de mesurer la performance ne peut pas varier, sous peine de créer de l'iniquité. Une instrumentation identique n'est même parfois pas suffisante. Il faut en plus se prémunir contre les différences de style de management, en convoquant d'autres modes d'intégration : un comité d'évaluation, par exemple. Il ne gomme pas les différences, mais permet de les interpréter et, souvent, de les justifier.

Dans le second cas, les contributions ne sont pas comparables. Les problèmes d'équité entre collaborateurs ne se posent donc pas au niveau de la mesure de leur performance. Ils concernent moins leurs contributions que leurs rétributions. Ici, la combinaison mise à la disposition des managers doit être différente, tout simplement parce que le type de performances attendues n'est pas le même. Il vaut mieux trois combinaisons à deux dimensions qu'une unique à cinq, indigeste pour tout le monde. En revanche, c'est au niveau des rétributions, en particulier de l'individualisation des rémunérations, qu'il faut être vigilant aux problèmes d'équité qui, en la matière d'ailleurs, se transforment fréquemment en problèmes d'égalité. Peu d'entreprises ont en effet trouvé d'autres moyens de répartir la fameuse enveloppe des augmentations individuelles autrement qu'au prorata de la masse salariale des services. Au-delà de la répartition égalitaire des enveloppes, une échelle de performances commune, une répartition gaussienne des performances... sont des moyens d'intégration complémentaires, auxquels recourir en fonction des besoins, pour garantir l'équité dans ce cas de figure.

Différenciation et intégration managériale

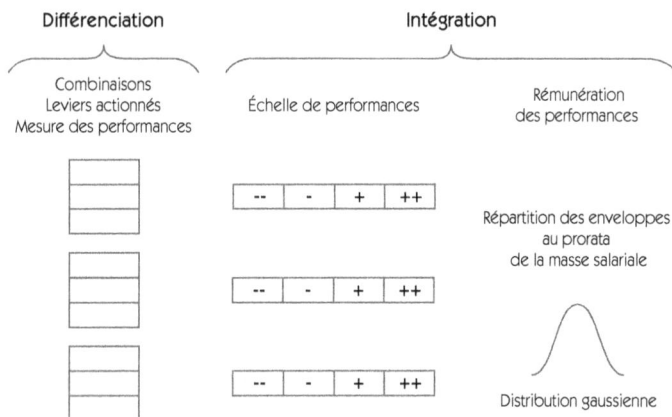

Au sein de cette PME industrielle, les managers évaluent la performance de chacun de leurs collaborateurs à partir de la même échelle : performance exceptionnelle, satisfaisante, insuffisante et très insuffisante. Par ailleurs, des règles communes permettent d'attribuer les augmentations individuelles en fonction du niveau de performance obtenue. En revanche, rien ne précise la manière dont cette dernière doit être évaluée. Les managers utilisent tous le même support, mais certains mettent l'accent sur la tenue du poste, d'autres sur l'obtention de résultats quantitatifs, l'acquisition et le développement des compétences ou encore les comportements (les fameux savoir-être). Le plus souvent, ils recourent à plusieurs critères, appréhendant ainsi la performance de leurs collaborateurs de manière multidimensionnelle. Mais les combinaisons de critères et le « poids » accordé à chacun d'eux varient d'un manager à l'autre.

À chacun son rôle

L'équilibre entre différenciation et intégration n'est pas le seul problème posé par un système de management combinatoire : l'évolution et la multiplication des leviers actionnés pour transformer le travail en performance s'accompagnent d'une modification de la répartition des rôles entre opérationnels et fonctionnels, entre *staff* et *line*, disent les Anglo-Saxons. C'était déjà le cas lorsque le MPO a succédé au management par les règles.

Les ingénieurs du bureau des méthodes de Frederick Taylor confisquent le pouvoir des opérateurs dans les ateliers, seuls détenteurs de précieuses connaissances : la manière de réaliser telle ou telle pièce et, surtout, le temps nécessaire à chacune des opérations. Dans le management par les règles, ce sont les ingénieurs du bureau des méthodes qui, à travers la formalisation des modes opératoires, jouent le premier rôle ; ils pensent, les managers, eux, surveillent ce que les opérateurs exécutent.

Avec Peter Drucker, sonne l'heure de gloire des managers. Ils fixent les objectifs et, donc, participent à la définition des critères de performance. Là où ils interviennent seulement *a posteriori* dans le management par les règles, les managers participent à chacune des étapes du cycle de MPO. Ils décident, ne font plus que contrôler. Et, pour ce faire, ils sont assistés des directions fonctionnelles. Peter Drucker est très clair : les managers sont seuls responsables des performances ; les directions fonctionnelles, le contrôle de gestion notamment, doivent leur fournir les informations leur permettant de s'autocontrôler. Quand le contrôle de gestion se prend pour le bureau des méthodes, si la relation client-fournisseur avec les managers s'inverse, comme c'est parfois le cas dans la réalité, le MPO se bureaucratise.

L'engouement actuel pour les directions fonctionnelles *Business Partner*, « partenaire d'affaires » en français, peut s'interpréter à la lumière de l'émergence d'un management combinatoire. Comment ? Entre directions fonctionnelles et managers, les relations sont de contrôle et/ou d'assistance. En croisant ces deux dimensions, on obtient quatre types de directions fonctionnelles : le type « Ni Ni », des directions très administratives intervenant peu dans la production des performances ; le type « Technostructure », le bureau des méthodes du management par les règles ; le type « Support », le contrôle de gestion du MPO ; enfin, le type « Business Partner » des directions qui, tout en assistant les managers, les contrôlent par délégation de la direction générale. Une direction des ressources humaines « Business Partner » définit une politique de GRH déclinée à partir de la stratégie d'entreprise, assiste les managers dans sa mise en œuvre, tout en veillant à ce que les décisions qu'ils prennent ne sortent pas de son cadre. Plus facile à dire qu'à faire ! En effet, un *Business Partner* doit être capable de gérer des contradictions entre les attentes de la direction générale et celles des managers, convergentes pour une partie, divergentes pour une autre.

Les quatre types de directions fonctionnelles

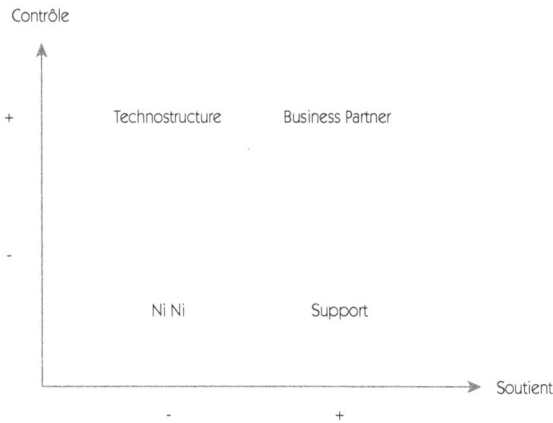

Contrôle

```
         ↑
         │
    +    │   Technostructure        Business Partner
         │
         │
    -    │
         │
         │           Ni Ni              Support
         │
         │
         └─────────────────────────────────────→  Soutient
                   -                +
```

Le management combinatoire exige ce double mouvement de contrôle et d'assistance entre opérationnels et fonctionnels. La définition d'une politique de management et le contrôle de sa mise en œuvre sont indispensables. L'accompagnement des managers, de manière quasi personnalisée, ne l'est pas moins. Conformément aux principes de Paul Lawrence et Jay Lorsch, c'est parce que les systèmes de management combinatoire sont fortement différenciés qu'ils ont besoin d'être largement intégrés. La capacité des directions fonctionnelles, le contrôle de gestion et la direction des ressources humaines en particulier, à être de véritables *Business Partners* est alors l'un des principaux facteurs clés de leur succès.

Une démarche plus négociée qu'imposée

Il y a deux manières de mettre en place un système de management : l'imposer ou le négocier. Dans le premier cas, on part de l'hypothèse que la modification des règles, des outils et des rôles amènera les managers à changer, progressivement ou brutalement, de comportement. Pour ce faire, on crée, le plus souvent par la formation, les conditions d'un apprentissage que Peter Senge[1] qualifie d'adaptatif, acquisition des compétences requises par les rôles préalablement définis. La modification du système précède le ou les processus d'apprentissage. Dans une démarche négociée, le parti pris diffère : l'essentiel du système de management résulte du ou des processus d'apprentissage. Les négociations, dont émergera le nouveau dispositif, créent une dynamique engageant un apprentissage non plus adaptatif, mais génératif. Mettre en place une démarche négociée et impliquer les managers dans la définition des règles et la construction des outils est un moyen judicieux de créer les possibilités d'un apprentissage managérial génératif. Ce dernier conduit à une évolution réelle et non artificielle des pratiques managériales. D'où aussi la nécessité de conduire la démarche de manière progressive, par étapes, en laissant du temps au temps.

Quelle démarche choisir ? Imposée ou négociée ? Dans le cas du management combinatoire, compte tenu d'une nécessaire co-construction entre les directions fonctionnelles et les managers, la démarche négociée est plus adaptée dans nombre de circonstances. À une condition : que l'entreprise ait – se donne – le temps. La démarche négociée, du fait de l'apprentissage génératif, est consommatrice en temps des acteurs parties prenantes, dont, au premier chef, celui des managers. Or, le temps est leur ressource la plus rare[2]. Ils ont toujours toutes les bonnes raisons du

---

1. Peter Senge, *The Fifth Discipline : The Art and Practice of the Learning Organization*, Doubleday, 1990. Traduction française : *La cinquième discipline. L'art et la manière des organisations qui apprennent*, First Éditions, 1997.
2. Henry Mintzberg, *The Nature of Managerial Work*, Harper & Row, 1973. Traduction française : *Le manager au quotidien*, Éditions d'Organisation, 1984.

monde de faire autre chose que de participer à la conception du système au cœur duquel ils se situent. L'urgent passe avant l'important !

Comment piloter et conduire la démarche ? Il est sage de constituer un comité de pilotage qui, comme son nom l'indique, pilote. La « production » est assurée par des groupes de travail qu'il mandate pour lui faire des propositions. Mais c'est lui, et lui seul, qui décide. Même dans une démarche négociée, la décision ne se délègue pas.

Les principes constructivistes, évoqués dans la partie précédente, ne sont pas que de vagues considérations philosophiques. Ils trouvent ici une traduction très concrète pour l'action : dans la conception d'un système de management combinatoire, au lieu d'aboutir aux pratiques managériales, il faut en partir. Elles sont le point de départ, pas la ligne d'arrivée. Un audit des pratiques managériales, même succinct, constitue nécessairement la première des trois étapes de la démarche. Cet audit, réalisé par entretiens bilatéraux ou observation participante, permet de reconstituer les combinaisons utilisées par les managers. Et, sur cette base, de constituer des groupes de managers ayant des pratiques homogènes. Pour ce faire, il est utile de recourir à une cartographie croisant deux axes : les métiers, d'une part ; les niveaux de management, d'autre part. L'expérience montre que ces deux dimensions représentent les critères de différenciation – et donc, en creux, de regroupement – des pratiques managériales les plus simples et les plus commodes. Une règle est associée de manière récurrente à ces deux critères : dans chaque organisation, il y a toujours un niveau de management à partir duquel les différences de métier ne sont plus significatives. Les managers ne constituent plus alors qu'un seul et même groupe.

À chaque groupe de managers sa combinaison de management

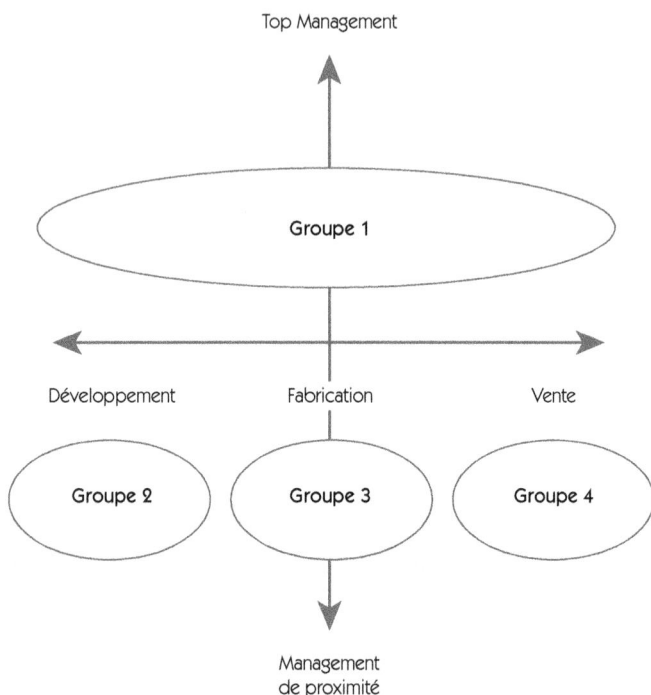

Top Management

Groupe 1

Développement   Fabrication   Vente

Groupe 2   Groupe 3   Groupe 4

Management
de proximité

À chaque groupe de managers correspond une combinaison particulière élaborée lors de la deuxième étape de la démarche par un groupe de travail spécifique. Il faut donc mettre en place autant de groupes qu'il y a de combinaisons à construire. Ces derniers, animés par un membre du comité de pilotage ou un consultant et composés de managers, ré-utilisent l'ensemble du matériel préexistant (support d'entretiens, méthodologie de déclinaison et fixation d'objectifs, charte de valeurs, référentiel de compétences…) en les adaptant à leur contexte d'action. Pourquoi ? Pour ne pas être victime du syndrome NIH (*Not Invented Here*), ou

PIPM (Pas Inventé Par Moi) en français. Ensuite, partir d'une source commune est, sinon une garantie, au moins le signe d'une volonté de cohérence. Enfin, inscrire le nouveau système de management dans la continuité de l'ancien n'est pas le moyen le plus absurde de gagner sa légitimité.

La troisième et dernière étape de la démarche reste de la responsabilité du comité de pilotage : en fonction des combinaisons élaborées, de leur nature et de leur nombre, il s'agit d'imaginer les modes d'intégration idoines (comités de coordination, dispositifs de rémunération de la performance…). L'intégration ne se délègue pas.

Chapitre 10

La rémunération
des performances

La rémunération des performances[1] est un mode d'intégration managériale garant d'équité entre des collaborateurs dont la contribution n'est pas comparable et donc évaluable par les mêmes critères. À ce titre, elle est un composant du système de management. Là n'est pas la seule raison ! Si manager, c'est transformer du travail en performance et si la rémunération, comme facteur de motivation, participe à la production des performances, alors la rémunération des performances ne peut pas ne pas être un composant à part entière du système de management. L'argument, courant, est moins évident qu'il ne paraît. Examinons tout cela d'un peu plus près.

Contrainte ou motivation ?

La relation entre motivation et performance est plus complexe que ce que donnent à croire certains discours. Quel-

---

1. Ce facteur clé de succès, comme la conduite du changement managérial abordé dans le chapitre suivant, n'est pas spécifique au management combinatoire. Il s'applique avec la même acuité à tout système de management. Pendant deux chapitres donc, nous laissons volontairement de côté les spécificités du management combinatoire pour y revenir dans la conclusion de l'ouvrage.

ques idéologies, anciennes pour certaines, ont largement participé à ancrer dans l'imaginaire collectif qu'un salarié motivé est performant ; qu'un salarié non motivé n'est pas performant. Cette proposition ne se vérifie que dans certaines situations. Sur une chaîne de montage, par exemple, la performance des opérateurs provient moins de leur motivation que de l'organisation du travail. Ils travaillent sous fortes contraintes, de cadence notamment. Les postes sont spécialisés, les tâches simples, l'autonomie limitée. Ne pas être performant est impossible. Cela reviendrait à se mettre « hors jeu ». Les différences individuelles en termes de performances, quand elles existent, sont très faibles. Non parce que les titulaires des postes sont tous identiques, mais parce que leur espace de liberté est tellement réduit qu'ils sont contraints de se comporter tous de la même manière.

Dans ce type de situations, on obtient de la performance plus avantageusement par la contrainte (organisationnelle, hiérarchique…) que par la motivation. On peut donc être performant, mais pas motivé. Compte tenu des évolutions techniques, organisationnelles et sociologiques, ces cas de figure sont cependant de moins en moins courants. C'est pourquoi les réflexions sur la rémunération des performances s'étendent à des populations jusqu'à présent beaucoup moins concernées que les cadres, lesquels, bénéficiant d'une plus grande autonomie, façonnent eux-mêmes une partie de leur fonction.

La rémunération :
un facteur de motivation parmi d'autres

Il y a quelques décennies, la notion de motivation était l'apanage d'une poignée de psychologues. Son succès débouche sur un certain nombre d'applications simplificatrices. Le mot motivé est aujourd'hui employé à tout bout de champ. Il est même utilisé pour différencier les personnes entre elles : les motivées d'un côté, les non-motivées de l'autre. Ce qui ne rend compte que d'une partie des choses. Étymologiquement, motivation se rattache à motif : ce qui pousse à faire quelque chose. Tout le monde est motivé, mais pas par la même chose. La motivation est le « petit moteur » que nous avons tous en nous.

Petit moteur que nous n'alimentons pas tous avec le même carburant. Le travail salarié est un échange socio-économique : des contributions contre des rétributions, à la fois matérielles (salaire, bonus, avantages en nature…) et immatérielles (intérêt du travail, autonomie, responsabilités, perspectives de carrière…). Ce que chaque salarié, quel que soit son niveau hiérarchique, obtient en échange de son travail est un *mix rétributions*. Tous n'attachent pas la même valeur aux différents types de rétributions. La nature du poste compte : commerciaux et chercheurs n'ont, en général, pas les mêmes attentes à l'égard du travail. Les dispositions psychologiques, sociales, culturelles… des titulaires jouent aussi. Certains valorisent plus l'intérêt du travail et la possibilité de s'y épanouir que la rémunération. Pour d'autres, c'est l'inverse. La rémunération est donc un facteur de motivation plus ou moins pertinent. D'autres s'avèrent complémentaires, parfois même plus judicieux. Et incitent davantage à la performance, si la situation y est propice, évidemment.

Des différences trop faibles pour être réellement incitatives

Même chez une personne particulièrement sensible au gain financier, pour qu'une pratique de rémunération soit motivante, encore faut-il que les différences d'augmentation ou de bonus entre ceux qui sont performants et ceux qui ne le sont pas soient significatives. Si tout le monde touche peu ou prou la même chose, à quoi bon se décarcasser ? Il semble bien que ce soit là que le bât blesse. À regarder de près les pratiques, on est frappé par le décalage entre, d'une part, des dispositifs lourds et, d'autre part, des différences de rémunération relativement faibles, voire ridicules.

> Le budget consacré aux augmentations individuelles par une entreprise de la métallurgie est de 1 % de la masse salariale. Les salariés sont appréciés dans le cadre d'un entretien annuel conduit par leur responsable hiérarchique direct. L'appréciation, qui porte à la fois sur la tenue du poste (compétences techniques, qualité du travail, polyvalence, respect des règles de sécurité…) et l'attitude au travail (ponctualité, esprit d'équipe, ouverture aux évolutions techniques…), se traduit par une note globale (de A à E). Pour distribuer les 1 %, la direction des ressources humaines élabore une matrice des augmentations qui croise le niveau d'appréciation et la position dans la plage salariale associée à chaque coefficient de qualification. À niveau d'appréciation équivalent, plus le niveau de salaire est bas dans la fourchette, plus l'augmentation sera importante.
>
> En théorie, les augmentations individuelles peuvent varier de 0 à 2,1 % du salaire de base. Sur les 103 salariés du site, 98 bénéficient d'une augmentation individuelle. Les rares qui n'en ont pas sont ceux dont l'appréciation est médiocre (une seule personne a été notée A), et ceux qui sont déjà au maximum de leur fourchette salariale. La population des bénéficiaires se répartit de la manière suivante : 8 obtiennent une augmentation de 0,6 % ; 42 de 0,9 % ; 45 de 1,2 % ; 3 de 2,1 %. Pour environ 85 % de la population, donc, les augmentations individuelles varient entre 0,9 et 1,2 % du salaire de base.

Pourquoi des différences de rémunération si faibles ? En période de faible inflation, comme celle que nous connaissons depuis plusieurs années, les hausses de salaire sont modérées. En conséquence, les enveloppes consacrées aux augmentations individuelles et aux primes diverses et variées sont réduites. Mais là n'est pas la seule raison ! La plupart des salariés sont évalués comme moyens : ni bons ni mauvais. Résultat, les différences sont lissées. Cette manière de faire est même souvent recommandée : « La distribution des augmentations doit suivre une courbe de Gauss », recommande la procédure dans nombre d'entreprises. On peut s'étonner de voir appliquer une loi de répartition statistique, qui n'a de sens que pour de grandes populations, à des services de faibles effectifs. En fait, cette loi est détournée de son objet. Il s'agit de limiter les conséquences de la pratique, par ailleurs mise en place. Pour rendre supportable une rémunération des performances qui n'a pas toujours gagné sa légitimité, pour remplacer l'équité par l'égalité. Chassez le naturel, il revient au galop !

Un pouvoir confisqué à la hiérarchie

L'argument mis en avant ne tient donc pas : compte tenu des faibles différences interindividuelles, il est hasardeux de considérer la rémunération comme un facteur de motivation. Mais pourquoi alors intégrer la rémunération des performances au dispositif de management ? Pour répondre à cette question, prenons un chemin de traverse ; observons ce qui se passe quand ce n'est pas le cas. Les managers évaluent la performance des membres de leur équipe, mais ne décident pas des bénéficiaires et du montant des augmentations individuelles ou des bonus. Sous prétexte de contrôle de l'évolution de la masse salariale ou de cohérence des niveaux de rémunération, le lien entre évaluation des performances et rémunération est distendu. Deux cas de figure sont fréquents.

Dans le premier, les évaluations sont réalisées par les N + 1/N + 2 lors de l'entretien annuel et les augmentations individuelles décidées par les N + 3/N + 4, destinataires de la fameuse « enveloppe ». Les seconds consultent les premiers, prennent leur avis, mais décident. Parfois seuls ! Les circuits de décision perdent de leur clarté, ce qui suscite des réactions du type : « Je ne peux pas croire que c'est mon N + 3 qui décide de mon augmentation. Il a 600 personnes sous ses ordres. Je ne l'ai vu qu'une seule fois dans ma vie. Si c'est lui, il doit vraiment décider avec des dés. » Dans le second cas, le lien entre évaluation et rémunération est mécanique. « Mon augmentation, ce n'est pas mon chef qui décide, mais la machine », déclarent certains salariés désabusés. On recourt fréquemment à la fameuse matrice dite des augmentations : le pourcentage d'augmentation de Monsieur X est défini par son niveau de performance, d'une part, sa position dans l'échelle salariale, d'autre part. Une fois son appréciation réalisée, on obtient donc mécaniquement le montant de son augmentation individuelle.

Les managers sont alors amenés à passer des contrats contribution-rétribution « unijambistes ». Ils ont délégation pour définir et évaluer les contributions, pas pour évoquer les rétributions. En la matière, au mieux consultés, leur valeur ajoutée est quasi nulle. Ils sont souvent cantonnés à un rôle de « boîte aux lettres » ou mis en porte-à-faux. Quand leur proposition n'est pas entérinée par leur hiérarchie, ce sont eux qui, malgré tout, doivent annoncer la mauvaise nouvelle à leurs collaborateurs. Ceux-ci finissent par ne plus comprendre : « Chaque année, c'est la même chose. Tu me dis être content de mon travail, mais je ne suis jamais augmenté. Il faudrait savoir. Ce n'est pas très cohérent. » Et le manager de répondre : « Si cela ne tenait qu'à moi, il y a longtemps que tu aurais ton augmentation. Malheureusement, ce n'est pas moi qui décide. » Ici, leur pouvoir est confisqué. Les managers sont des pantins. Ils n'ont pas leur mot à dire sur « ce qui compte vraiment ». Et personne n'est dupe !

Le saupoudrage : la règle, plus que l'exception

Quand la rémunération des performances n'est pas pensée comme un composant à part entière du système de management, les managers se trouvent en porte-à-faux. Oui, c'est vrai, nous l'avons tous constaté. Mais quand elle l'est, ils n'utilisent pas les possibilités offertes pour rémunérer les meilleurs membres de leur équipe. Ils jouent des vases communicants et lissent les différences.

Dans une des caisses régionales d'une grande banque française, trois leviers d'individualisation complémentaires sont à la disposition de la ligne hiérarchique : premièrement, des points dits de qualification (évolution du salaire de base) attribués lors d'un entretien annuel qui se déroule en juin et dans lequel on évalue la maîtrise du poste à travers l'acquisition de compétences – à ce niveau, les marges de manœuvre sont relativement réduites, dans la mesure où, d'une part, seulement 1,1 % de la masse salariale est distribuée et, d'autre part, un certain nombre de points dits « de garantie », définis conventionnellement, sont obligatoirement attribués à chaque salarié tous les cinq ans ; deuxièmement, une prime de contribution individuelle (PCI), qui représente en moyenne 5 % du salaire global, attribuée sur la base des performances obtenues (résultats produits par rapport aux objectifs fixés), évaluées lors d'un entretien qui a lieu en décembre ; troisièmement, une prime de contribution exceptionnelle (PCE) que l'on peut attribuer à tout moment de l'année et qui permet ainsi aux managers de récompenser leurs collaborateurs au moment où ils font quelque chose de significatif ou produisent un effort particulier.

Le budget de la PCE ne représente que 10 % de celui de la PCI. Cependant, dans son esprit au moins, cette prime est la plus sélective parce qu'un nombre beaucoup moins important de personnes la touche. Au total, les montants moyens de PCE et de PCI attribués à chaque bénéficiaire sont équivalents. La PCE est ainsi conçue comme un véritable levier de rémunération des performances qui permet aux managers de doubler le montant de prime attribué aux meilleurs éléments de leur équipe.

Comment la PCE est-elle utilisée dans les faits ? Pour l'année 2000, la direction des ressources humaines constate que, à fin octobre, alors que 10 mois se sont écoulés depuis le début de l'année, seulement 50 % de l'enveloppe de la PCE ont été distribués par les managers. De manière récurrente, elle constate qu'un pourcentage non négligeable de l'enveloppe est dépensé au mois de décembre au moment de... l'attribution de la PCI. Dans les faits, donc, les managers utilisent une partie de l'enveloppe PCE pour « récompenser » ceux à qui ils n'ont attribué ni points de qualification ni PCI.

Malgré les leviers à leur disposition, les managers souhaitent rarement pousser très loin l'individualisation des rémunérations de leurs collaborateurs. Prévenir des revendications salariales au sein de l'équipe ou ne pas faire trop de mécontents semble pour eux plus important que de récompenser la performance des meilleurs. La rémunération comporte une dimension symbolique trop forte : individualiser, c'est mettre de la différence dans un groupe. Or, cette différence, il faut la justifier, la rendre supportable... Le manager y voit plus d'inconvénients que d'avantages. « Donner une augmentation, c'est se donner un délai pendant lequel on n'aura pas de revendications », déclarent certains managers honnêtes. Au moment des augmentations individuelles, le responsable hiérarchique cherche plus à limiter les insatisfactions qu'à favoriser la motivation.

La technique du saupoudrage, pratiquée par nombre de managers, est souvent décriée par le service des ressources humaines. Pour ce dernier, ceux qui agissent ainsi manquent de courage, sont des « ventres mous »... Ils ne remplissent pas complètement leur fonction et, ce faisant, contribuent à rendre le système inefficace. Tout le monde finit par avoir la même chose. Et le DRH de déclarer : « Autant réinstaurer les augmentations générales. » Pourtant, du point de vue des managers, le saupoudrage peut très bien être tout à fait rationnel. Ils ont besoin de leurs collaborateurs pour obtenir les résultats dont dépend la performance de leur unité. C'est du reste ce qui les différencie fondamentalement des experts ou techniciens, dont la performance ne dépend que d'eux. Or, compte tenu des contraintes organisationnelles et culturelles avec lesquelles ils doivent composer, des moyens (souvent faibles) à leur disposition pour agir sur le comportement de leurs collaborateurs, ils ont déjà du mal à gérer les tensions au sein de leur équipe. Ils ne vont pas en plus prendre le risque d'en créer d'autres.

La situation dans laquelle se trouvent les managers les conduit le plus souvent, pour parvenir à leurs fins, à acheter un bon climat relationnel avec la rémunération. Le saupoudrage s'explique souvent moins par le manque de courage que par le contexte, moins par les dispositions individuelles à manager que par la situation de management. Vaut-il mieux récompenser les meilleurs et créer de la zizanie dans l'équipe, ou l'inverse ? DRH et managers n'ont pas forcément la même réponse ! Pour comprendre un comportement, nous disent les sociologues, il faut partir de la règle suivante : tout comportement est toujours rationnel pour celui qui l'adopte. Se comporter comme il le fait est, de son point de vue, ce qu'il a de mieux à faire. Qualifier un comportement d'absurde, c'est simplement admettre qu'on n'arrive pas à reconstituer la rationalité de son auteur. Un DRH, qui juge irrationnel le comportement des managers, devrait commencer par reconnaître qu'il ne partage pas la même rationalité qu'eux, puis se mettre en quête de leurs bonnes raisons de saupoudrer.

Une possibilité qui donne du pouvoir

Ne pas faire de différences trop importantes en termes de rémunération entre les membres d'une équipe ne signifie pas ne pas faire de différences du tout. Certains responsables hiérarchiques savent, quand ils en ont besoin, récompenser les meilleurs éléments de leur équipe en jouant sur d'autres types de rétributions que la rémunération, en particulier les rétributions immatérielles. Délégation de responsabilités supplémentaires, aménagement du poste, affectation sur un projet stratégique, arrangement sur les horaires, valorisation du collaborateur au sein et en dehors de l'équipe, accompagnement spécifique sur certaines tâches à risque… Ils aménagent les contributions attendues. C'est par des activités de suppléance, et de manière souvent clandestine, que les managers trouvent la plupart des solutions aux problèmes de reconnaissance des performances.

Que les managers ne fassent pas de différences trop importantes entre les membres de leur équipe en matière de rémunération n'est pas une raison pour les priver de cette possibilité. Même si leurs marges de manœuvre sont faibles, et quand bien même ils ne les utilisent pas toutes, il est vital qu'elles existent. Cela leur donne l'occasion d'aborder le volet des rétributions avec leurs collaborateurs, de ne pas être crédibles seulement sur la définition et le suivi des contributions. C'est moins la rémunération des performances en elle-même qui donne du pouvoir aux managers que sa possibilité. Ils contrôlent une zone d'incertitude, synonyme de pouvoir. « Si je me comporte mal, mon chef peut ne pas me louper au moment de l'entretien annuel. Ce n'est pas son style, ni celui de la maison, mais on ne sait jamais », expliquent certains salariés clairvoyants. Le jugement des managers devient alors plus légitime. Pour qu'ils puissent dire « non », il faut leur donner la possibilité de dire « oui ».

La rémunération des performances doit bel et bien être pensée comme un élément à part entière du système de management. Il faut que les managers aient leur mot à dire sur le montant d'augmentation individuelle et/ou de bonus de leurs collaborateurs. Moins parce que la rémunération, comme facteur de motivation, entre directement dans le processus de production des performances que parce que, dans les mains des managers, elle assoit leur légitimité, leur donne du pouvoir. Par ailleurs, que les managers saupoudrent ou que les enveloppes pour rémunérer les performances soient réduites ne sont pas de bonnes raisons de renoncer. L'important n'est pas que les performances soient effectivement rémunérées, mais qu'il soit possible de le faire. Moins pour une question de motivation des collaborateurs que de pouvoir des managers.

Chapitre 11

La conduite du changement managérial

Depuis deux bonnes décennies déjà, la mise en place d'une nouvelle organisation, d'un système d'information plus moderne… est l'objet de toutes les attentions débouchant sur un corps de savoirs spécifique : la conduite et le pilotage du changement. La mise en place d'un système de management est un changement comme un autre. Pas plus qu'un changement organisationnel ou technologique, il ne se décrète. C'est ce qu'on oublie trop souvent. Il est en général réduit à une affaire de contenu. Pour pallier les carences du MPO, combien de strates faut-il rajouter au dispositif ? Lesquelles ? Des valeurs ? Des compétences ? Les deux ? Comment rémunérer les performances ? Quel équilibre entre différenciation et intégration managériale ? Ces questions concernent le « quoi » changer. D'autres sont liées au « comment ». Or, c'est en général à ce niveau là que le bât blesse.

En matière de conduite du changement, la dimension humaine tient une place particulière. Faire adhérer, contourner les résistances, transformer les forces négatives en énergie positive…, telles sont les principales préoccupations de tout chef de projet. Il en va de même lors de la conception et de la mise en place d'un système de management. Avec certaines spécificités sur lesquelles nous allons nous attarder dans ce dernier chapitre.

Une affaire de comportements

Au-delà des aspects techniques, quand la mise en place d'un système de management ne se déroule pas comme prévu, c'est essentiellement pour une question de comportements : trop de résistants, pas assez de soutien, un rapport de force défavorable... Face à un changement, quel qu'il soit, le comportement d'un individu s'explique par ses enjeux – ce qu'il gagne ou perd – et son degré d'influence – sa plus ou moins grande capacité à agir sur le déroulement du changement[1]. En croisant ces deux dimensions et en simplifiant, on obtient sept comportements types dans une situation de changement.

Les sept comportements types dans une situation de changement

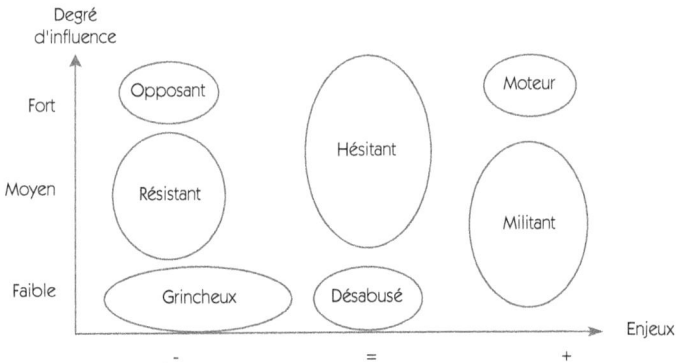

---

1. Pour plus de détails, nous renvoyons le lecteur à notre ouvrage sur l'intérêt de la sociologie des organisations pour le management. Pierre Morin et Éric Delavallée, *Le manager à l'écoute du sociologue*, Éditions d'Organisation, 2000.

Un individu adopte un comportement « moteur » si ses enjeux sont positifs (il a plus à gagner qu'à perdre) et son degré d'influence très fort (son pouvoir lui permet de façonner de manière déterminante le nouveau système de management). Il opte plutôt pour un comportement « militant » (supporteur ou suiveur) non parce que ses enjeux sont moins positifs, mais parce que son influence est moins forte. Par manque de pouvoir, il ne peut pas jouer les premiers rôles. Il se contente de suivre les « moteurs », au mieux en les encourageant.

C'est la même chose entre les « opposants » et les « résistants » : leurs enjeux sont négatifs, mais leur influence n'est pas la même. Les « opposants » peuvent affronter ouvertement le responsable du projet. En revanche, l'action des « résistants » est toujours souterraine, en dehors des voies officielles. Les premiers interviennent lors de la conception du dispositif pour tenter de le faire capoter, les seconds au moment de sa mise en œuvre pour le déformer, le détourner de son but initial. Quant aux « grincheux », leur faible influence ne leur permet pas de faire autre chose que de critiquer : un moyen de gérer leur frustration.

Les « hésitants » s'interrogent : pertes et gains se compensent. Au cours de la démarche, les enjeux se modifiant, ils peuvent basculer d'un côté ou de l'autre, dans le camp des « militants » ou celui des « résistants ». Le chef de projet doit donc les surveiller de près. La faible influence des « désabusés » en fait des acteurs moins « stratégiques ».

Un responsable de projet moteur, pas seulement militant

En matière de conduite du changement, un facteur clé de succès est universel : l'implication du *Top management* dans le projet. Qu'est-ce que cela veut dire ? Le projet doit être porté par un « puissant », quelqu'un dont le degré d'influence est suffisant pour le mener à bon port. Si, par manque d'influence, le responsable du projet est plus « militant » que « moteur », alors la mise en place du système de management a toutes les chances d'échouer.

> Un cabinet conseil propose d'amorcer la mise en place d'un système de management par sa présentation au comité de direction de l'entreprise cliente. Le DRH, l'interlocuteur le plus fréquent des consultants, voit cette méthodologie d'un « bon œil » : cela lui permet d'animer une séance de comité de direction. Ce n'est pas si fréquent ! En fonction de la manière dont la réunion se déroule, les consultants connaissent la probabilité de succès ou d'échec du projet. Quand, à la fin de la présentation, le directeur général déclare « ce nouveau système de management, c'est notre affaire à tous », le projet a toutes les chances de réussir. En revanche, s'il conclut « c'est très intéressant ; Monsieur le DRH, ce nouveau système de management, c'est votre affaire ; vous nous tiendrez au courant au fur et à mesure de son déroulement », le projet est d'avance voué à l'échec. Pourquoi ? Le degré d'influence du DRH n'est pas suffisant pour le mener à son terme.

Le responsable de projet d'un système de management ne peut pas être un simple « porte-serviettes ». S'il agit par délégation, ce qui est évidemment possible, et même courant, le délégataire doit mettre tout son « poids dans la balance ». Le manque d'influence n'est pas une fatalité : un responsable de projet « militant » peut devenir « moteur ». Pour cela, il doit commencer par en faire le constat avec le délégataire. Cette simple prise de conscience permet, dans bien des cas, de débloquer la situation : « C'est évident, je n'y avais pas pensé ; vous êtes vraiment en porte-à-faux, pris entre le marteau et l'enclume. Je vais arranger cela. » Au-delà, la création d'instances (comité de pilotage, groupes de travail…) constitue le levier d'action le plus judicieux pour modifier les degrés d'influence lors de la démarche de changement. Cela permet de réallouer du pouvoir par rapport à la « vraie vie ». Un moyen d'accroître l'influence d'un responsable de projet est, par exemple, de lui confier l'animation d'un comité de pilotage dans lequel siègent des personnes d'un niveau hiérarchique bien supérieur au sien et de faire de la réussite du projet un enjeu primordial pour ces dernières.

Pouvoir se projeter dans le nouveau système

« Qu'est-ce que cela veut dire pour moi ? À quelle sauce vais-je être mangé ? » Voilà deux questions existentielles que tout manager se pose à l'amorce d'un changement de système de management. Avant d'envisager l'intérêt de l'entreprise, chacun commence par se préoccuper du sien. Ce n'est pas mesquin, c'est humain. La direction générale est seule à porter l'intérêt de l'entreprise. Là aussi, c'est normal : elle est payée pour cela. Que chacun poursuive son propre intérêt est un fait. Les sociologues des organisations nous l'ont de longue date clairement expliqué. Le problème n'est pas là. Il survient au contraire quand, par manque d'informations, cela n'est pas possible.

Ce que les managers vont gagner ou perdre est associé à une situation qui, quand ils adoptent un comportement « pour » ou « contre » le changement, n'existe pas encore. C'est une espérance de gains ou de pertes qu'ils imaginent en fonction des informations à leur disposition, d'une part, de la manière dont ils les interprètent à partir de leur propre « machine à fantasmes », d'autre part. Les enjeux des acteurs parties prenantes varient en fonction des informations données. C'est la raison pour laquelle ils évoluent au cours de la démarche. Mais quand, par manque d'information, les managers ne peuvent pas se projeter dans le futur système, ils sont incapables de répondre aux deux questions existentielles. Ce n'est pas le changement qui est anxiogène, mais l'incertitude qui l'entoure.

À l'amorce de la démarche, les détails, parfois même l'architecture, du nouveau système de management ne sont pas connus. L'information concernant le « quoi » ne peut donc être donnée, parfois même pas partiellement. Ce n'est en revanche pas le cas de celle qui concerne le « pourquoi » (les raisons du changement) et le « comment » (la démarche de changement). Et c'est bien là que le problème se situe. Sous prétexte de ne pouvoir communiquer sur le contenu, le responsable de projet occulte les raisons et la démarche de changement. Pourquoi un nouveau système de management ? Comment allons-nous nous y prendre pour le concevoir et le mettre en œuvre ? Pourtant, il possède ces informations. Si ce n'est pas le cas, c'est grave, irresponsable même. Connues des managers, elles faciliteraient grandement leur projection dans le nouveau système et, donc, réduiraient leur anxiété.

Quant aux informations sur le contenu, tant que le responsable de projet ne les connaît pas, il ne peut évidemment pas les communiquer. Mais combien de fois, quelque temps après le début de la démarche, la charpente du système connue, il ne communique pas plus. Pas par mauvaise foi ou manipulation. Simplement par oubli ou faute d'avoir prévu un dispositif de communication *ad hoc*. Les managers sont alors informés au moment où ils sont formés, à la fin de la démarche, une fois tout bouclé, dans une situation de spectateurs, et non d'acteurs. Une démarche qui aura duré plusieurs mois durant lesquels, sans informations que pourtant le responsable de projet aurait pu leur donner plus tôt, les managers n'ont pas pu se projeter dans le nouveau système davantage qu'au début, au moment où l'information n'existait pas. Des mois d'anxiété auraient pu être évités.

Le management de proximité : plus résistant que militant

Paradoxe récurrent, l'encadrement est plus résistant que militant. La direction générale et le responsable de projet sont persuadés d'avoir des alliés et comptent légitimement sur eux pour déployer le dispositif. Dans les faits, ils le sabotent chaque fois que possible ; jamais visiblement, leur pouvoir d'influence n'est pas suffisant pour cela. Contrairement à ce qu'on est *a priori* tenté de croire, les enjeux du management de proximité sont plus négatifs que positifs : « Il va falloir dire des choses désagréables à ses collaborateurs ; formaliser ce qu'on attend d'eux, c'est aussi s'engager sur ce qu'on leur accorde ; sans flou, plus de pouvoir arbitraire. » La liste des pertes pourrait continuer sur plusieurs pages sans épuiser le sujet.

Un des sites de production d'un grand groupe français de la chimie met en place un système de management plus formalisé que le précédent. La production comprend trois secteurs animés, chacun, par un ingénieur, responsable hiérarchique de plusieurs agents de maîtrise. Les trois ingénieurs sont tous relativement jeunes (entre 30 et 40 ans) et de formation supérieure. Ils éprouvent beaucoup de difficultés relationnelles avec les agents de maîtrise. C'est à ce niveau de la ligne hiérarchique que se rencontrent deux logiques : celle du haut et celle du bas. Aux yeux des opérateurs, mais surtout des agents de maîtrise, les ingénieurs ne sont pas légitimes : « Ils sortent tout droit de l'école sans jamais avoir mis un pied dans les ateliers ; sur le papier, ça marche toujours, mais après, dans la réalité, c'est autre chose. »

Le nouveau système de management va permettre aux ingénieurs d'objectiver la performance des agents de maîtrise, de formaliser ce qu'ils attendent d'eux. Selon les propos de l'un d'eux, « on va pouvoir les mettre au pas, parce qu'aujourd'hui, on ne sait plus comment les prendre. On n'a aucun moyen de pression, alors ils font la pluie et le beau temps ». Militants dès l'origine de la démarche, les ingénieurs se montrent en revanche très sceptiques sur la capacité des agents de maîtrise à conduire les entretiens d'évaluation des opérateurs : « Ils sont nuls en management ; il faut absolument que nous conduisions nous-mêmes les entretiens. »

Cela n'est pas complètement faux. Les agents de maîtrise sont tous d'anciens opérateurs, reconnus comme les meilleurs de leur domaine et promus sur des critères techniques. Ils ont la réputation de ne pas être des managers dans l'âme, mais, à entendre l'un d'eux, cela n'est pas étonnant : « Personne ne nous a jamais donné les moyens de faire du management. On se demande même si, au-delà des grandes déclarations d'intention, quelqu'un sur le site le souhaite vraiment. Sûrement pas les ingénieurs, en tout cas. Et puis, comment voulez-vous qu'on fasse du management ? Les gars dans les équipes, on a partagé leur vie pendant 20 ans. C'est tous des copains. On a fait les 400 coups ensemble. » Un autre de rajouter : « Avec ce nouveau système de management, il va falloir évaluer les gars. Mais vous savez, le flou actuel n'a pas que des mauvais côtés. Demain, il faudra qu'on dise aux mauvais leurs quatre vérités en face. Ce n'est pas évident. En plus, ça va faire des différences au sein des équipes. Plus facile à dire qu'à faire. »

Les managers de proximité ont toujours de bonnes raisons de résister. Les traiter de « ventres mous » n'arrange en rien la situation. L'origine de leur résistance se trouve de manière récurrente dans le non-respect du principe de parité : ils n'ont pas le pouvoir de prendre ou de faire prendre les décisions nécessaires à l'atteinte des résultats sous leur responsabilité. La rémunération des performances, sujet du chapitre précédent, est l'exemple le plus courant. Le manager évalue la performance sans pouvoir se prononcer sur les rémunérations. En matière de management, les carences organisationnelles sont systématiquement transformées en problèmes personnels. La formation devient alors le remède à tous les maux. Un problème de management, quel qu'il soit, s'explique nécessairement par un déficit de compétences. Et pourtant, nous en avons tous fait l'expérience ; pour manager il faut être dans un environnement favorable. Analysons les situations avant de jeter la pierre aux managers. Souvent des situations de « double contrainte », disent les psychologues : on leur demande de manager sans réellement leur en donner les moyens. Quel cadeau ! Là aussi, on est fréquemment surpris. Le plus grand pas est fait quand on a pris conscience du contexte dans lequel ils se trouvent. Après, c'est en général une affaire d'ajustements. Encore faut-il ne pas se jeter à corps perdu sur la solution, prendre le temps de bien diagnostiquer le problème.

Le syndrome de la chaussure neuve

Une nouvelle paire de chaussures commence par donner des ampoules. Il faut la faire à ses pieds avant de retrouver un niveau de confort équivalent à celui de l'ancienne. Pendant les deux premières semaines après l'arrêt du tabac, l'ancien fumeur est plus essoufflé et tousse davantage qu'au moment où il fumait. Les exemples sont nombreux : après un changement, le niveau de performance, de confort… de la nouvelle situation est, pendant un temps, moindre que celui de l'ancienne. « Je l'avais bien dit… À quoi bon avoir changé… Si c'est pour en arriver là… » ne manqueront pas de préciser les détracteurs qui profiteront de ce moment pour déployer leurs stratégies de résistance, et transforment ainsi le dicton en réalité : « Chassez le naturel, il revient au galop. »

La conception du système de management n'est qu'une étape. Le véritable changement commence au moment de son déploiement. Avant, le dispositif existe sur « transparents » ou dans un rapport de consultants. Mais le changement est, nous l'avons dit, d'abord une affaire de comportements qui, eux, ne se modifient pas d'un claquement de doigts. Il faut du temps pour changer. « Un an par niveau hiérarchique », propose le P-DG d'une grande entreprise industrielle. La mise en place d'un système de management est un processus qu'il faut gérer dans la durée. Le déploiement doit être complété d'une phase de consolidation[1] durant laquelle l'effectivité du changement est mesurée à partir d'indicateurs spécifiques : le pourcentage d'entretiens conduits, le degré de satisfaction des managers à l'utilisation de telle ou telle strate du système… Le succès est à ce prix.

---

1. Kurt Lewin, « Décisions de groupe et changement social », in André Lévy, *Psychologie sociale : textes fondamentaux anglais et américains*, Dunod, 1978.

Conclusion

Le fondateur du MPO, Peter Drucker, a marqué de manière irréversible la pensée managériale. Mais, pas plus que d'autres intronisés avant lui, il n'a inventé le management. Concomitant à l'action collective finalisée, ce dernier est vieux comme le monde. On en trouve déjà des traces plusieurs milliers d'années avant J.-C.

Le MPO n'est qu'une déclinaison particulière du raisonnement managérial adaptée à un contexte bien spécifique : l'expansion et la décentralisation des grandes entreprises américaines des années 1950. Dans le contexte d'aujourd'hui, caractérisé entre autres par des cycles extrêmement courts, des organisations aussi horizontales que verticales, une production largement immatérielle, le MPO craque de toute part. Il faut manager autrement. Mais avant de lui trouver une alternative, on doit s'en affranchir. Il est en effet si populaire que, dans l'imaginaire collectif, il est devenu le management tout court. Il est présentement impensable de manager sans fixer d'objectifs. Et pourtant, les objectifs ne sont qu'un moyen parmi d'autres de mesurer la performance ; même nécessaires, ils ne sont jamais suffisants pour la produire. Le management ne se réduit pas à la déclinaison des objectifs, y compris sur un mode participatif.

D'autres modèles existent. Chronologiquement, d'ailleurs, le management par les règles a précédé le MPO. On peut aussi envisager de manager par les valeurs ou par les compétences. Le principe de la contingence fait la peau au modèle idéal. Aucun de ces modèles n'est meilleur que les autres dans l'absolu. Ils sont, chacun, plus ou moins adaptés à une situation particulière.

Que constate-t-on quand on quitte les modèles pour s'intéresser aux pratiques ? Dans les faits, le management est fait tout à la fois d'objectifs à fixer et de résultats à évaluer, de règles à définir et de comportement à faire respecter, de valeurs et de compétences… On manage toujours en actionnant une combinaison de leviers. Si l'on utilise les modèles, non plus comme cibles à atteindre, mais comme grilles de lecture des pratiques, ils deviennent plus complémentaires qu'exclusifs. Les managers panachent, tous, différentes formes de management. Ce qui les différencie ? En fonction de la situation et de leur style, ils n'utilisent pas tous la même combinaison.

Une question d'état d'esprit, pas d'outils

Quel est l'intérêt de ce changement de perspective ? Pour pallier les insuffisances du MPO, dans une logique plus additive que substitutive, les entreprises appellent d'autres formes de management à la rescousse : les valeurs, les compétences… Émergent alors de véritables « mille-feuilles » à double tranchant. Quand les différentes strates des dispositifs sont offertes aux managers comme des possibilités, l'avancée est certaine. Dans le cas contraire, il s'agit plus d'une régression bureaucratique qu'autre chose. Non seulement un seul et unique modèle continue à s'imposer à tous, mais, du fait de l'empilement des strates, le carcan managérial se resserre encore davantage.

Deux conditions doivent être réunies pour qu'un mode de management soit combinatoire. Que le management soit appréhendé comme une combinaison, d'abord. Il faut alors admettre que la transformation du travail en performance ne résulte pas de l'activation d'un levier unique, mais de plusieurs, simultanément ou chronologiquement, là n'est pas le problème. Les managers n'ont jamais suffisamment de leviers à leur disposition pour produire et mesurer la performance. Le management « par », qui met en exergue un levier unique, est une construction de l'esprit. Ensuite, il faut que le système de management donne la possibilité à chaque manager, compte tenu de la situation et de son style, de construire localement sa propre combinaison. L'objectif du management combinatoire n'est pas de trouver la combinaison idéale, mais d'en maximiser le nombre.

Comment les choses vont-elles évoluer dans les années à venir ? Difficile à dire. Mais une chose est sûre : le problème n'est pas instrumental. Il concerne au premier chef la place accordée aux managers. Dans un cas, ils sont placés au cœur d'un système qui n'existe pas indépendamment d'eux. Dans l'autre, celui de la régression, ils sont en périphérie, à côté d'un système réifié. Acceptera-t-on l'idée que le problème du management est d'abord celui des managers ? Osera-t-on faire le pari de l'autonomie, de la responsabilité et de l'intelligence ? Plus que jamais, l'avenir du management passe par celui des managers.

Bibliographie

Albert (Éric), Bournois (Frank), Duval-Hamel (Jérôme), Rojot (Jacques), Roussillon (Sylvie) et Sainsaulieu (Renaud), *Pourquoi j'irais travailler,* Éditions d'Organisation, 2003.

Argyris (Chris) et Schön (Donald), *Organizational Learning : A Theory of Action Perspective*, Addison-Wesley, 1978.

Barnard (Chester), *The Functions of the Executive*, Harvard University Press, 1938.

Beatty (Jack), *The World According to Peter Drucker*, The Free Press, 1998. Traduction française : *Drucker, l'éclaireur du présent. Biographie intellectuelle du père du management*, Village Mondial, 1998.

Bennis (Warren) et Nanus (Burt), *Leaders. Strategies for Taking Charge*, Harper & Row, 1985. Traduction française : *Diriger. Les secrets des meilleurs leaders*, InterÉditions, 1985.

Blanchard (Kenneth) et O'Connor (Michael), *Managing By Values. How to Put Your Values into Action for Extraordinary Results,* Berrett-Koehler Publishers, 1997.

Boston Consulting Group, *Les mécanismes fondamentaux de la compétitivité*, Éditions Hommes et Techniques, 1985.

Boudon (Raymond), *L'idéologie*, Fayard, 1986.

Crémadcz (Michel), *Organisations et stratégie*, Dunod, 2004.

Crozier (Michel), *Le phénomène bureaucratique*, Le Seuil, 1964.

Crozier (Michel) et Friedberg (Erhard), *L'acteur et le système*, Le Seuil, 1977.

Delavallée (Éric), *Le manager idéal n'existe pas ! Ce que manager veut dire*, Éditions d'Organisation, 2004.

Delavallée (Éric), *La culture d'entreprise pour manager autrement*, Éditions d'Organisation, 2002.

Drucker (Peter), *The Practice of Management*, Harper and Brother, 1954. Traduction française : *La pratique de la direction des entreprises*, Éditions d'Organisation, 1957.

Drucker (Peter), *Management : Tasks, Responsabilities, Practices,* Heinemann, 1974. Traduction française : *La nouvelle pratique de la direction des entreprises*, Éditions d'Organisation, 1975.

Drucker (Peter), "The Coming of the New Organization", in *Harvard Business Review*, January-February 1988.

Drucker (Peter), *The Essential Drucker*, Harper Business, 2001. Traduction française : *Devenez manager !* Village Mondial, 2002.

Fayol (Henri), *Administration industrielle et générale*, Dunod, 1918.

Gélinier (Octave), *Direction participative par objectifs : un style de direction ambitieux qui motive et perfectionne les hommes pour accomplir la réussite commune*, Éditions Hommes et Techniques, 1968.

Hammer (Michael) et Champy (James), *Reengineering the Corporation : A Manifesto for Business Revolution*, Harper Business, 1993. Traduction française : *Le reengineering : réinventer l'entreprise pour une amélioration spectaculaire de ses performances*, Dunod, 1993.

Hersey (Paul) et Blanchard (Kenneth), *Management of Organizational Behavior. Utilizing Human Resources*, Prentice Hall, 1969.

Humble (John), *Management by Objectives in Action*, McGraw-Hill, 1970.

Iribarne d' (Philippe), *La logique de l'honneur*, Le Seuil, 1989.

Kaplan (Robert) et Norton (David), "The Balanced Scorecard : Measures that Drive Performance", in *Harvard Business Review*, July-August 1992.

Kennedy (Carol), *Guide to the Management Gurus. Shortcuts to the Ideas of Leading Management Thinkers*, Century Business Books, 1991. Traduction française : *Toutes les théories du management. Les idées essentielles des auteurs les plus souvent cités,* Maxima, 1993.

Lawrence (Paul) et Lorsch (Jay), *Organization and Environment*, Harvard University Press, 1967. Traduction française : *Adapter les structures de l'entreprise*, Éditions d'Organisation, 1989.

Le Boterf (Guy), *De la compétence. Essai sur un attracteur étrange*, Éditions d'Organisation, 1994.

Lewin (Kurt), « Décisions de groupe et changement social », in André Lévy, *Psychologie sociale : textes fondamentaux anglais et américains*, Dunod, 1978.

Likert (Rensis), *The Human Organization : its Management and Value*, McGraw-Hill, 1967. Traduction française : *Le gouvernement participatif de l'entreprise*, Gauthier-Villars, 1974.

Mintzberg (Henry), *The Structuring of Organizations : A Synthesis of the Research*, Prentice Hall, 1981. Traduction française : *Structure et dynamique des organisations*, Éditions d'Organisation, 1982.

Mintzberg (Henry), *The Nature of Managerial Work*, Harper & Row, 1973. Traduction française : *Le manager au quotidien*, Éditions d'Organisation, 1984.

Morin (Pierre), *L'art du manager. De Babylone à l'Internet*, Éditions d'Organisation, 1997.

Morin (Pierre) et Delavallée (Éric), *Le manager à l'écoute du sociologue*, Éditions d'Organisation, 2000.

Nelson (Bob) et Economy (Peter), *Management for Dummies*, IDG Books Worldwide, 2001. Traduction française : *Le management pour les nuls*, First Éditions, 2003.

Peters (Tom) et Waterman (Robert), *In Search of Excellence*, Prentice Hall, 1982. Traduction française : *Le prix de l'excellence*, InterÉditions, 1983.

Prahalad (CK) et Hamel (Gary), "The Core Competence of the Corporation", in *Harvard Business Review*, May-June 1990.

Schermerhorn (John) et Chappell (David), *Introducing Management*, John Wiley & Sons, 2000. Traduction française : *Principes de management*, Village Mondial, 2002.

Senge (Peter), *The Fifth Discipline : The Art and Practice of the Learning Organization*, Doubleday, 1990. Traduction française : *La cinquième discipline. L'art et la manière des organisations qui apprennent*, First Éditions, 1997.

Simons (Robert), "Designing High-Performance Jobs", in *Harvard Business Review*, July-August 2005.

Taylor (Frederick), *The Principles of Scientific Management, American Society of Mechanical Engineers*, 1911. Traduction française : *Principes d'organisation scientifique des usines*, Dunod, 1912.

Weber (Max), *Économie et société*, Plon, 1971.

Wren (Daniel), *The History of Management Thought*, John Wiley & Sons, 2005.

Index